本书的翻译得到上海高校一流学科（A类）阿拉伯语语言文学专业建设项目资助

跨越二千年的
苏丹中国关系探源求实

[苏丹] 加法尔·卡拉尔·艾哈迈德 著
史 月 译

EXPLORE THE HISTORY OF SUDAN-CHINA RELATIONS
OVER THE PAST 2000 YEARS

时事出版社

图书在版编目（CIP）数据

跨越二千年的苏丹中国关系探源求实/（苏丹）艾哈迈德著；史月译．—北京：时事出版社，2014.2

ISBN 978-7-80232-687-3

Ⅰ.①跨…　Ⅱ.①艾…②史…　Ⅲ.①中外关系－国际关系史－苏丹　Ⅳ.①D829.412

中国版本图书馆 CIP 数据核字（2014）第 008754 号

出版发行：时事出版社
地　　址：北京市海淀区巨山村 375 号
邮　　编：100093
发行热线：（010）82546060　82546061
读者服务部：（010）61157595
传　　真：（010）82546050
电子邮箱：shishichubanshe@sina.com
网　　址：www.shishishe.com
印　　刷：北京百善印刷厂

开本：787×1092　1/16　印张：13.75　字数：160 千字
2014 年 2 月第 1 版　2014 年 2 月第 1 次印刷
定价：48.00 元

序

与苏丹学者加法尔·卡拉尔·艾哈迈德博士相识多年，这位勤奋的学者每次见面几乎都要问我最近在写什么，常让我这个闲散之人汗颜不已。最近一次偶然看到他的新书《跨越二千年的苏丹中国关系探源求实》的中文译稿，我只说了句对书的内容很感兴趣，孰料却引来一件意外之事——他当即要我给书写个序言。推辞再三，盛意难违，只得从命。序言的意旨大致有二：一是评价作品；二是介绍作者和推荐作品。我只能尽力做第二件事，至于评价，浅学如我，自感力有不逮，相信读者自能品鉴。

一

1982 年，加法尔先生毕业于巴格达大学新闻专业，获学士学位；1984 年获喀土穆大学新闻专业研究生学历证书；1987 年获喀土穆大学非洲亚洲研究专业研究生学历证书，并于 1990 年获该专业硕士学位；1996 年获南京大学国际关系专业博士学位；1999 年进入北京大学历史系博士后流动站从事中阿关系史研究，两年后出站。

加法尔先生学历层次高，可谓上学上到头了，他或许是中国高校培养出来的第一位阿拉伯博士后。更重要的是，他的学历构成丰富，4 所大学，4 个专业，不同的学风熏陶，不同的学养吸纳，对他日后从事学术研究多有助益便在情理之中，不言而喻的了。不久前，他曾到英国参加学术研讨会，剑桥大学一位著名教授在评价他的论文时，特别提到他丰富的学历，认为完成如此学业实在是很了不起的。加法尔博士也很看重自己在中国的求学过程，他对我说："如果没有在中国的学习经历，我的思想大门就不会打开。"

通常，"学历"是指一个人最后或最高层次的学习经历，广义地讲也指任何一段学习经历。这里，要特别提及的是，加法尔博士 1991—1992 年曾在北京语言大学学习一年半的汉语，打下基础后又不断自学，现在已能借助辞典阅读中国古籍了。这使他在以中阿关系为主线的研究著述中，能够得以准确地引用中国文献，也使他在研究同一专题的阿拉伯学者中独具优势、卓尔不群。在本书中，他甚至可以从广东方言读音上，辨析古代中国人的名字，从而得出独到的见解，让人依稀看到那些海外中国学大师的身影。而他对阿拉伯古籍的熟稔程度，研究同一专题的中国学者则很难望其项背。

加法尔博士目前担任卡塔尔外交部亚洲事务高级专家，卡塔尔驻华使馆高级顾问，每天要按时上下班，公务繁多可想而知。然而加法尔博士却孜孜不倦地坚持在学术园地里辛勤耕耘，取得的累累硕果令我叹服。他近 10 年出版的专著有：《中国沙特阿拉伯关系》（2004 年，科威特大学出版社）、《苏丹共产党与苏丹南部问题》（2004 年，喀土穆大学出版社）、《中国能源工业与中阿关系》（2004 年，开罗大学出版社）、《五十年的友谊——中国也门关系》（2006 年，大马士革阿拉伯战略研究中心），《中国阿曼关系史》（2007 年，阿曼教育部）等。此外，他还发表了40余篇学术论文，其中涉及中阿关系的有：《中国埃及关系》（1998年）、《自伊斯兰教创立至二十世纪初阿拉伯半岛与中国的历史关系》（1999年）、《中国阿拉伯关系中的民间外交》（2007年）等。

可以说，在阿拉伯学界，始终将中阿关系作为研究对象并取得如此丰硕成果的学者，加法尔博士不是排在首位也是名列前茅。而在中国学界同一研究领域，若以专著数量计，似也无出其右者。这些著述绝大部分是用阿拉伯语出版发表的，因此加法尔博士在深化阿拉伯人对中国的了解，增进中阿两大民族间的相互理解，加强中阿人民源远流长的传统友谊等方面，显然贡献殊伟。

二

这本《跨越二千年的苏丹中国关系探源求实》，从大往小说，属于中外关系史、中非关系史、中阿关系史、双边国家关系史的研究范畴。本书在中国苏丹关系史领域，毫无疑问是一部填补空白之作。目前，恰恰在这一点上，阿拉伯学者走在了中国学者前面，因为我们也已见到埃及学者凯莱姆博士在2002年出版的专著《埃及中国关系——过去、现在与未来》。中国的阿拉伯问题研究者在人员数量和成果数量上都远远大于对方，研究的高度与深度也不在对方之下，但正式出版的同类专著我们尚未见到。本书的学术价值不仅由此凸显出来，而且也促使我们更加关注中国与阿拉伯国家之间的双边关系史研究，尤其是在国别研究受到格外重视的当下。

我国的中外关系史研究始兴于20世纪二三十年代，冯承钧、张星烺、向达等著名学者开创了这一当时被称为“中西交通史”的新学科。众所周知，这个“西”字与阿拉伯的关联度十分密切。史学家阎宗临先生在1941年发表的《近代中西交通之研究》一文中开篇说道：“宝应元年（公元762年），报达（Bagdad）回教教主选出，中西交通的陆路，便被封锁了。自此以后，西方学者们视地中海为世界的缩影，纵有对于东方的记述，不是抄袭阿拉伯人的传述，便是非常幼稚！”①

早年留埃学者海维谅先生于1950年在埃及出版了《阿中关系》，这部洋洋洒洒几十万字、用阿拉伯语撰写的专著，第一次将中国古代文献中关于阿拉伯的记载全面系统地译介到阿拉伯国家，意义重大深远，如今已成为阿拉伯学者研究中阿关系史最重要的参考书之一。1990年中国台湾学者苏良弼先生出版了《中阿关系史略》，可惜受客观条件所限，影响有限。而后，由江淳、郭应德两位先生合著、于2001年出版的《中阿关系史》，则全面论述自古代直至包括民国时期在内的20世纪末的中阿关系，被认为是该领域的权威之作。

遗憾的是，无论是中西交通史，还是中阿关系史，抑或还有中非关系史，相关著述中都将苏丹这个同样曾兴盛一时的阿拉伯文明古国与中国的交往忽视了，要么寥寥数语，要么只字未提。究其原因，恐怕主要是缺乏相关文献资料，缺少对苏丹学者研究成果的了解，双方学术上的交流也不足所致。

本书的出版无疑将弥补这一缺憾。加法尔博士从一个苏丹学者的视角，纵论了上自公元前350年苏丹麦罗埃时期下至20世纪末中国与苏丹之间的关系，以大量珍贵翔实的文献资料佐证了二千多年来中苏两国间政治、经贸、文化等方面的往来，客观生动地描绘了两国人民自古至今的友好情谊。作者根据中

① 阎宗临著：《中西交通史》，广西师范大学出版社，2007年版，第16页。

阿古籍的记载，以文献研究方法重点考证了唐代杜环《经行记》中关于摩邻国的记载，并认为杜环有可能是伊斯兰教创立后第一个到过苏丹的中国人，其“在《经行记》中所写也将是中国史料中最重要的关于苏丹的记载”。作者作为一位中国问题专家、汉学家和阿拉伯人中的“中国通”，非常理解镇压中国太平天国运动的罪魁祸首，即英国人戈登于马赫迪革命中被苏丹人民处决一事，在政治上、感情上对于中国人民的重要意义，因此十分详尽地记述了该事件前后过程，并从比较史学的角度对马赫迪革命与太平天国运动进行了见解独到的比对分析。

作者还以田野调查这一人类学最基本的研究方法，亲自到苏丹北部柏柏尔市，对第一个在中国设立贸易办事处的苏丹商人阿里的后人做了长时间采访，获取了大量独家的第一手原始资料。这位商人于晚清时来华经商并先后娶了两位中国女子为妻，后携妻及孩子返回苏丹。如今被称为“中国老祖母”的后人早已融入当地社会，而他们“很明显的中国人面部特征”，不时让人想起在这个苏丹柏柏尔地方有一个来自遥远的广州的中国家庭。我们知道，唐宋以降，大批阿拉伯人来华，在元朝达到高潮，与中国人通婚相当普遍，但以往的记述中却鲜见有名有姓的具体例证，尤其是通婚后携妻返回阿拉伯地区的更是付之阙如。因为据文献记载，中国历代王朝皆明令禁止嫁给外国人的中国女子出境。加法尔博士发掘出的这一真实史料，是中国与苏丹以及阿拉伯人民之间友好交往与和睦交融的最好见证。

作为史学研究的门外汉，我只能说本书有两点特别引起我的注意：

其一，是作者在文献查阅上所下的工夫。其资料来源包括苏丹外交部和贸易部档案、苏丹驻华使馆档案、苏丹官方代表团访华报告、苏丹高级政府官员涉及中国的往来信函，以及半个多世纪前的、中国学者如今都鲜有问津的《北京周报》等。苏丹方面的官方档案，其中相当一部分在当时属于机密性质，解密后作者借在外交部担任外交官的便利，对其进行了认真仔细的整理、鉴别与研究，恰当地运用于写作之中。这是一项艰辛繁琐的工作，耗时耗力，不是每个学者都能够、都愿意完成的，而仅仅是将那些可资利用的信息资料串联成文，便需要很高的学术写作功力。这些档案内容在中国的首次披露，不仅丰富了今后中苏和中阿关系研究的资料源，而且通过它可以加深我们对研究对象国官方及官员在与中方交往时的真实思想和思维方式的了解，对今后的相关工作应不无借鉴作用。

其二，是作者通过口述史学这一“既古老又新颖的治史方法”，直接采访了大量当事人或相关人士。其中包括苏丹政治家阿兹丁，曾于20世纪50年代访华的苏丹贸易代表团团长曼苏尔，长期在华工作生活的阿拉伯专家阿布·杰拉德，前苏丹驻华大使穆罕默德，被称为“苏中民间外交之父”的艾哈迈德·赫尔的遗孀，以及数位苏丹共产党当年的中央委员等。这些口述记录，既弥补了某些事件缺少文字资料的不足，又可填补历史骨架上的血肉，从而再现鲜活的历史原图。而后一点正是我们应当向作者学习之处，我们的一些相关著述每每让人感觉像一棵光秃秃的大树，形似伟岸，却只见枝干不见树叶。

三

苏丹是一个具有悠久历史的文明古国，其先民创造的努比亚文明是人类文明史的重要组成部分。二千多年来，苏丹与中国之间一直保持着交往，在库施王朝的都城麦罗埃出土的中国制金属瓶子，以及在此地和苏丹其他沿海城市考古发掘出的无以数计的中国瓷片就是最好的证明。麦罗埃曾经是红海岸边一个国际贸易中心和交通枢纽，北连埃及和地中海，南通印度洋，它与包括中国在内的东方国家有过频繁的贸易往来是毋庸置疑的。加法尔博士认为，由于苏丹历史上长期被埃及王国直接或间接统治，所以人们以往述及的中埃之间的贸易往来中就包含一定的苏丹概念。

直至近现代，双方的相互了解与相互影响逐渐增多。苏丹历史学家达拉尔认为，20 世纪二三十年代苏丹人民的反英殖民斗争就深受孙中山先生的影响，并根据他倡导的“中国是中国人的中国”，喊出“苏丹是苏丹人的苏丹”的口号。而加法尔博士也在本书中提道：“在 1949 年 10 月新中国建立之前，苏丹的左派知识分子一直坚持发行日报，报道中国共产党领导的解放运动。苏丹人民在 20 个世纪 40 年代，就知道毛泽东撰写的革命文章。”

新中国成立后，特别是万隆会议和中国与苏丹建立外交关系后，两国人民之间的友好交往翻开了崭新的一页。中国人民不会忘记苏丹为恢复中国在联合国合法席位做出的贡献，她和其他非洲兄弟一起将中国“抬进”了联合国，也不会忘记苏丹政府一贯坚持的“一个中国”的立场。而苏丹人民自然也不会忘记中国对苏丹人民在道义上的支持，尤其不会忘记中国曾经在自身十分困难的情况下给予苏丹人民无私而慷慨的经济援助。这也是本书中浓墨重彩的一笔。作者以翔实可信的各种相关协定、议定书、备忘录和谈话纪要等资料，真实地还原了这一为中苏人民之间奠定坚实友谊基石的历史时期。他认为，中国提供的不附加任何政治条件的经济援助，对当年苏丹的经济发展起到了重要作用，并根据一个苏丹学者的切身观察与体会，客观、公允、中肯地总结归纳了中国经济援助成功的 10 条经验。

作者正是本着实事求是的精神，弘扬中国与苏丹世代友好的主旋律，力图将这一荫及后人的传统友谊发扬光大，使之渗透到官方与民间的交往之中，成为维系双方友好关系和解决突发事件的基础与支柱。这或许正是本书的最重要社会价值之一。

众所周知，自改革开放特别是近十几年以来，中国经济迅猛发展，成为世界第二大经济体。中国与包括苏丹在内的非洲国家之间的合作方式也发生了与时俱进的变化。从 1995 年起中国与苏丹之间开始了石油勘探、开发和生产领域的合作并取得巨大成功，使苏丹从石油进口国一跃成为石油输出国，使苏丹成为中国在非洲的最大贸易伙伴之一，也使得中苏关系在双方对外关系中变得更加重要。然而，最近一个时期，国际上一些别有用心的人，散布中国在非洲奉行“新殖民主义”的奇谈怪论。由于中苏石油合作常常出现在他们所举的事例中，所以也蒙蔽了一些不明真相的苏丹青年。加法尔博士对此甚感遗憾，他说如果这些青年人读了他的这本《跨越二千年的苏丹中国关系探源求实》，当会了解中国是怎样一个国家，中国对苏丹和非洲国家采取的是怎样一种政策。历史是一面神奇的镜子，不仅可以看到过去也可以看到未来。这也是本书的重要现实意义之一。

最后我还想指出的是，加法尔博士的这部著作是用阿拉伯语写成的，由上海外国语大学的史月老师翻译成中文。译文准确流畅，通篇未见内容和逻辑上的译误，实为难能可贵。要知道翻译这样一部注释繁多，需要逐一考订古今人名、地名以及中阿古籍中的书名和相关记载的学术著作，除需很高的语言和学术水平外，细心和耐心也是必不可少的。

我很高兴为加法尔博士第一部中文著作的出版写下这些文字。感谢他的信任，也感谢这位来自苏丹的中国人民的老朋友、好朋友，通过学术研究的形式为促进中苏、中阿和中非人民之间的相互了解与理解所做出的杰出贡献。

葛铁鹰

2013 年 10 月 18 日于北京

目　　录

致　　谢

谨以此书献给我的好友天宏

她深信友谊的价值，尊重苏丹人民，

在她身上，我看到了淳朴的中国人民伟大的人道主义价值

首先，我要向我的导师——南京大学的陈得芝教授及华涛教授表示衷心的感谢，此书的雏形原为我的博士论文，在我撰写期间，两位教授向我提出许多宝贵建议，鼓励我继续深入研究；在我毕业之后，两位教授仍然不断督促我进一步完善论文，可以说，正是他们的勉励与支持才使这本书终能付梓。陈得芝教授不仅指导我的论文，还让我在南京生活期间感受到了家庭的温暖，在此，再次对他和他的家人致以诚挚的谢意。衷心感谢朱威烈教授，我很荣幸能成为他所领导的上海外国语大学中东研究所的一员，他一直鼓励我完成此书，向我提出了许多宝贵意见。更重要的是，他在阅读文稿后还帮忙联系出版事宜，这意味着这位著名的中阿问题研究专家对我从事的这项工作给予的肯定和支持。感谢译者史月博士，她以很高的专业水准将此书从阿拉伯文译为中文，如果没有她的努力，这本书也不能顺利出版。在这里，我要对她的孩子彭迈说声抱歉，由于母亲承担的翻译任务，他也不得不因此少了许多与母亲亲密共处的

时光。感谢对外经济贸易大学的葛铁鹰教授为我的书撰写序言。感谢苏丹外交部中央档案馆的工作人员，他们开放了大量珍贵资料供我参考，为我的资料收集提供了极大便利。感谢安瓦尔·哈迪大使阁下，他慷慨地允许我查阅苏丹驻华使馆档案。对使馆的各位工作人员，我也在此表示感谢。感谢我的好朋友阿迪勒·沙尔菲大使，他一直鼓励我完成此书，他以独特的外交嗅觉，敏锐地认识到这本书的出版将进一步巩固苏丹与中国源远流长的友好情谊。在此，我还要感谢北京大学的吴冰冰教授，感谢他对我的支持和鼓励，使我终于完成此书，同样还要感谢的是另一位北京大学历史系教授王小甫，感谢他对我无私的帮助。感谢上海外国语大学中东研究所的所有同事和领导，他们对这本书和我的日常工作都给予了关心和支持。当然，还有很多很多的朋友，他们都给予了我很大的帮助，在这里请恕我无法一一提及他们的名字，谨在此一并向他们致谢！

前　言

从公元前 280 年—公元 525 年，古代苏丹麦罗埃文明的繁荣时期，从公元前 206 年—公元 24 年中国的西汉，再直至 1989 年，苏丹与中国的关系在这二千余年的历史长河中绵延不断，笔者撰写此书的目的便是试图对苏丹与中国这段源远流长的交往史做一番梳理。根据文献记载，古代苏丹与中国的交往最早应该可以追溯至麦罗埃时期，并且一直延续至 20 世纪初。考古发现也已证明古代苏丹与中国确有联系，已经发现的遗迹及文物至少可以上溯至公元 10 世纪—16 世纪。本书也首次披露了第一批中国移民远赴重洋前往苏丹的故事，也首次向读者介绍了苏丹人在 19 世纪于中国广州开设的第一个贸易经商处的由来。

自 1955 年万隆会议两国首脑进行会晤以来，双方频繁往来。苏丹的历任统治集团均十分注重与中国发展关系，中国也非常重视与苏丹巩固友好关系。笔者认为，两国友好关系在加法尔·穆罕默德·尼迈里总统统治期间（1969 年 5 月—1985 年 4 月）最为紧密。在此期间，两国均为推进在各领域的友好关系付出了巨大努力，两国关系不仅得到了官方的支持，也获得了民众的拥护，中国在苏丹树立了良好形象，在苏丹人民看来，中国是他们可以依靠的忠诚的朋友。笔者之所以考察中国与这个非洲的阿拉伯国家绵亘千年的友好往来，就是为了驳斥一些西方学者和政治家的无稽之谈，他们鼓吹说中国关注与非洲国家发展关系的目的在于掠夺那里的能源、原材料和市场，因此笔者认为极有必要对此澄清，以史为证，证明中国与非洲的关系源远流长。

笔者也收集了大量材料，证明苏丹与中国的往来有着深厚的民众基础，各民间组织、党派、工会及友好协会都为增进两国关系贡献良多，其中值得一提的是苏丹共产党发挥的作用，这也是对此段历史的首次解密，资料表明，苏丹共产党在敦促苏丹承认中华人民共和国成立方面起了很大作用，这段历史恐怕连很多学者都知之甚少。笔者也在文中提到，直至1989年以前，中国都一贯奉行支持阿拉伯及非洲国家发展、坚决不干涉其内政、支持其民族解放及捍卫国家主权事业的政策，因此中国从万隆会议至苏丹1956年获得独立期间，在与苏丹的关系中遵循都这样的原则。自苏丹独立伊始，中国领导人就一直对苏丹领导人提出中肯建议，认为在解决种族及民族问题上，应避免使用武力解决冲突，中国呼吁和平解决苏丹南部问题，在维护苏丹统一的前提下允许苏丹南部自治。

1970年—1989年，中国的帮助与支持加快了苏丹发展的步伐。在此期间，中国援助其完成了大量基础设施建设，并通过向苏丹多个地区派遣医疗小组为苏丹的医疗卫生事业提供援助。笔者试图通过大量事实表明，两国的关系有着稳固的基础，尽管在过去的一千年里，国际社会风云变幻，发生了政治、经济、意识形态等方面的变化，然而两国人民始终珍视这段友好关系。

笔者在攻读博士研究生期间，以中国与苏丹关系为研究对象完成了博士论文，这便是本书的雏形，笔者在书中研究了麦罗埃时期—1994年期间的两国关系。十分幸运的是，笔者曾是苏丹外交部外交人员，这种身份给笔者提供了极大的便利，让笔者能接触到大量苏丹中国关系的第一手重要资料，本书引用的大量资料来源于苏丹外交部及苏丹驻华使馆的档案，此外，笔者也从报刊杂志上获取了大量二手资料。笔者试图以翔实丰富的资料为两国友好关系勾勒出一幅全景。

本书包括以下章节：

第一章：本章以中国古代典籍的史料为依据，介绍了 19 世纪前古代苏丹与中国的友好往来。此外，笔者还对苏丹商人穆罕默德·哈只对增进两国关系所作出的突出贡献进行了实地考察，并提及了中国第一批移民远赴苏丹定居的史料。笔者认为，这段内容可能是第一次披露。

第二章：本章主要讨论了 1955 年—1969 年苏丹与中国关系的发展，在这段时期内，苏丹获得了独立，两国首脑第一次在万隆会议上会晤。本章提到了中国与苏丹第一届军政府之间的友好往来以及两国建交的历史背景。此外，本章还提到了苏丹民间组织及民间人士在促进两国关系健康发展中所发挥的重要作用，这也是就是今日所说的民间外交。

第三章：本章考察了 1969 年 5 月 1985 年 4 月即尼迈里总统统治期间两国的友好往来，据苏丹政治局势的发展以及政体性质，本章分成几个小节进行阐述。第一节讨论了 1969 年 5 月—1971 年 6 月苏丹与中国的关系，在此期间，包括苏丹共产党在内的苏丹左翼力量联合起来，掌握了苏丹政权，这必然会对两国关系产生影响。这段时期是两国关系发展的重要阶段，两国互设大使馆，开始在经济技术领域与中国合作（中国向苏丹提供经济技术援助）。第二节讨论了 1971 年 6 月—1976 年 6 月苏丹与中国的关系，加法尔·尼迈里总统在此期间中断了与苏联的关系，当时苏联与中国在非洲问题上发生了激烈的意识形态冲突，中国明确建议苏丹政府将苏联专家驱逐出境，此外，加强对苏丹的军事及技术合作与援助，并与联合国保持步调一致，在将苏联驱逐出红海海域的问题上共同协调。第三节讨论了 1976 年 6 月—1985 年 4 月苏丹与中国的关系，中国的对外政策在此期间发生了重大转变，开始实行对外开放政策，并与西方接触，这在中国与苏丹的关系上也有所反映。此后，尼迈里总统倒台。

在苏丹南部问题上，中国政府的眼光比尼迈里政府更为长远，中国一直认为，只有和平的政治手段才是解决问题的唯一途径，因此对 1972 年 3 月签署的《亚的斯亚贝巴协议》表示欢迎，并支持重新移民计划。中国以直接或间接方式对 1983 年尼迈里政府推行新的伊斯兰法的危险性进行提醒，并再三提到必须以和平手段解决该问题。此后该政府已下台，但中国仍然坚持对该问题的处理意见。

尽管如此，尼迈里政府还是在发展与中国关系上贡献颇多，在他执政期间，两国签订了一系列政治、文化、经济协定，两国频繁互访，创建了富有建设性的伙伴关系。在与苏丹发展友好往来时，中国从不干涉苏丹内政，在执行援助项目时也自始自终以苏丹人民的利益为重，苏丹的多条公路、大桥、纺织厂以及农业、卫生事业的发展都是中国援助政策的最好体现。

第四章：本章讨论了 1985 年 4 月—1989 年 6 月苏丹与中国的关系。在此期间，苏丹经历了两次政权的更迭，即 1985 年 4 月—1986 年 4 月的过渡政府以及 1986 年 4 月—1989 年 6 月由萨迪格·马赫迪领导的民选政府。两国的关系虽然未能达到尼迈里总统统治期间的发展水平，但仍然平稳发展，个中原因也许是因为这个时期太短，亦或是两国政体不同。笔者试图通过对这段在苏丹中国关系史上并未引起足够重视和研究的阶段进行阐明，以期弥补中国与苏丹甚至是中国与非洲及阿拉伯国家关系史上的空白。在书中笔者力图遵循历史性的分析方法，列举了大量翔实的史料并加以分析，希望能为其他研究者的研究提供一些帮助。

第一章

麦罗埃时期—20世纪初的苏丹与中国关系

本章主要以唐（公元618年—907年）、宋（公元960年—1279年）、元（1271年—1368年）、明（1368年—1644年）这几个朝代为重点，考察伊斯兰教前至20世纪初苏丹与中国的关系。

如果对苏丹[①]与中国的关系进行梳理，便不难发现，双方的往来至少可以追溯至中国的唐朝，在苏丹港口城市阿宜宰布

---

① 在阿拉伯人进入之前，“苏丹”这个名字还不为人所知，中世纪的阿拉伯航海家及地理学家们将这块埃及以南的土地命名为“黑人的国家”，这是由于当地人的皮肤为黑色，他们很早就住在这里，后来“苏丹”这个名字就成了对这个地区的称呼，也具有了政治意义。

苏丹是非洲面积最大的国家，面积达100多万平方公里，其国土位于非洲中部，以东为红海、阿拉伯半岛与埃塞俄比亚，以南为非洲腹地，以西为西非的阿拉伯国家，以北则为地中海国家，它是游牧民族的重要聚集地，其北部与埃及接壤，东部与埃塞俄比亚、厄立特里亚接壤，并濒临红海，其红海的海岸线长约80公里，向南与几内亚、乌干达、扎伊尔接壤，西部与中非、乍得接壤，西南部与利比亚接壤，它在红海的海岸线有众多海湾，形成了天然的港口，自古以来就成为非洲大陆文化与贸易交往的门户。所有这些资源都造就了苏丹的灿烂文化，政治文化与苏丹以外的文化互相交融，留下了丰富独特的文化遗产。也可参见萨拉赫·欧麦尔·萨迪克，《苏丹的伊斯兰遗迹现状》，http：//www. mubarak-inst. org/study. /research/view，访问于2006年6月5日。

(Aidhab)① 以及苏丹各处出土的中国文物正是双方源远流长关系的明证。而且考古已经证明，从大约公元1世纪起至16世纪，红海的港口，特别是苏丹东部以及埃塞俄比亚的港口就早已与远东和中国建立了联系。

在麦罗埃出土的中国瓷器以及大量据信是根据中国瓷器的形制与设计制造的麦罗埃瓷器都可以表明麦罗埃对中国瓷器的制造技艺及艺术相当了解。此外，一些中国学者也认为，汉朝的统治者与苏丹北部的库施王朝确有联系。②

第一节 伊斯兰教之前苏丹与中国的关系

古老悠久的苏丹文明在世界最长河流——尼罗河的两岸繁荣昌盛。德国考古学家、古代努比亚文明专家弗兰兹·海因茨曾经说过："尼罗河两岸的古代努比亚（Nubia）③ 文明是世界上最古老的人类文明之一。"在古代努比亚王国的统治时期，其文明在贝格拉维亚（Begrawiya）及麦罗埃繁荣了三千多年，在公元前2500年—公元350年间达到全盛的顶峰，其间经历了公元前2500年—公元前1500年的第一库施（Kush）④ 王国，以及

---

① 阿宜宰布为苏丹港口，坐落在苏丹红海海岸线的北部，离苏丹港 Būr Sūdān（Port Sudan）仅33公里。

② Constance Burton, Kathleen Dastur and others, The Educational Research Council, Social Science Program, Area study, land of Africa, printed in the United States of American second edition, 1977, pp. 44 - 45，也可参见沈福伟：《中外文化因缘》，外文出版社，1996年第1版，第5—7页。

③ 努比亚是埃及尼罗河第一瀑布阿斯旺与苏丹第四瀑布之间地区的称呼。努比亚这个词来自埃及语中的金（nub）。从古至今努比亚一直是被算成地中海地区的埃及与黑色非洲之间的连接地。——译者注。

④ 库施，Kush，又译为古实（Cush），是古代北非的一个文明，其地域大致位于现在的苏丹共和国。——译者注。

公元前 1000 年—公元 350 年的第二库施王国。也正在这个时期，纳帕塔（也译作“纳巴塔”，Nabata）文明在第四瀑布所在地欣欣向荣，直至公元前 350 年方才衰败。此后登上历史舞台的则是贝格拉维亚的麦罗埃文明，它自公元前 350 年兴起后便一直繁荣至公元 350 年。

麦罗埃的居民们很早就与外面的世界保持着贸易往来，他们与罗马帝国、埃塞俄比亚的阿克苏姆（Axam），甚至也可能与印度或其他国家通商。麦罗埃的势力不仅延伸至北非的埃及，也延伸至地中海东岸。①

库施的军队大约在 2500 年前，也就是在公元前 8 世纪时打败了埃及军队，在两尼罗河交汇之处至巴勒斯坦的广阔土地上建立了庞大的帝国。历史学家们认为当时的库施王国即统治埃及的第二十五王朝。②

库施王国堪称国际性大国，其势力范围及保护国延伸至亚洲的许多小国，例如巴勒斯坦、叙利亚和犹大国，这些王国依仗库施军队的保护而免遭亚述人对该地区的频繁入侵。③

公元前 280 年—公元 525 年是麦罗埃文明的繁荣时期，而公元前 206 年—公元 24 年，正值中国的西汉。

信仰基督教的努比亚王国出现了三个古代基督教王国，即

---

① Kirwan L. P., “The International position of the Sudan in Roman Medieval Times”, *Sudan Notes and Records*, 1959, Vol. 40, pp. 33 – 37. 也可参见 Mohi Wldeen, Saleh, *A Contemporary Cultural Issues in Sudan*, Kahartoum, Monthly Magazine National Cooperation for Arts and Culture, October 1993, No. 2, pp. 10 – 11.

② Timothy Kendall, “Kingdom of Kush in Sudan”, *National Geographic*, The official Journal of the National Geographic Society, Washington D. C., November 1990, Vol. 178, No. 5, p. 98.

③ Shibeka, Mekki, *Sudan Through Centuries*, Beirut, Dar Alghagafa Press, 1964, p. 17. 也可参见 Thabit T. H., “International Relations of the Sudan in Napatan Times”, *Sudan Notes and Records*, 1959, Vol. 40, pp. 20 – 22.

诺巴迪亚（Nubadia）、马库里亚（Magara）以及阿勒瓦（Alwa），[1] 此后，阿拉伯人及伊斯兰教进入苏丹。[2]

苏丹与中国相隔上万海里，从中国南部广州直至阿宜宰布及萨瓦金（Sawakin）的海路危机四伏，当时双方语言不通，文化也大相径庭，然而这些都未能阻挡双方交流的脚步。

除了在苏丹的考古发现外，中国与西方都有资料表明中国与苏丹在古代很可能已经存在联系。菲利普·斯诺（Philip Snow）在其著作《星槎：中国与非洲的相遇》中提到，一些中国学者认为汉朝早期的统治者曾于公元前202年—公元220年间，即基督教统治期间与远方的国度通商，他们肯定与建立在苏丹北部麦罗埃的库施王国有联系，据说那里的陶器与铜器都是按照中国进口商品的样式设计的。[3]

中国著名学者沈福伟在其专著《中外文化因缘》中讨论了一些他在中国神话与编年史中发现的值得重视的信息和词汇，例如，“西王母”一词，从字面上看，这个词是西方女王之意，指的应该是在西方遥远国度的一位女性统治者。这个词在中国的许多古代典籍中都曾出现，例如成书于战国时期（公元前475年—公元前220年）的《山海经》，以及成书于约公元前91年的《史记》。[4] 此后西王母就与那个有“弱水、流沙”、“几于

---

① 尼罗河第一瀑布至第三瀑布地区为诺巴迪亚（阿拉伯人称之为努巴），都城为法拉斯（Faras，位于第二瀑布附近）；第三瀑布至第五瀑布地区为马库里亚王国（阿拉伯人称之为马库拉），都城为栋古拉（Dongola 或 Dunqulah，在现栋古拉以南150公里处），因而也称之为栋古拉王国；第六瀑布及其以南地区为阿勒瓦王国（阿拉伯人称为阿洛迪亚），都城为索巴（Sawba，今喀土穆附近）。三国之中，以马库里亚王国国势最强，诺巴迪亚最弱。——译者注。

② Shibeka, op. cit, pp. 22 - 23.

③ Snow, Philip, *The Star Raft: China Encounter with Africa*, Britain, the Bath Press, 1988, p. 2.

④ 沈福伟：《中外文化因缘》，外文出版社，1996年版，前引，第5—7页。

日所入”① 的地方联系在了一起。沈福伟认为，在东汉时期，即从公元25 年—公元220 年，中国就与势力直达红海地区的罗马帝国进行通商，中国人曾到过这个位于非洲大陆、红海以外，有“弱水、流沙”的地方。《后汉书》提到，这个地方离西王母的国度很近，“几于日所入”。根据希腊历史学家希罗多德所言，连羽毛都无法浮起的“弱水”指的应该是从埃及一直到埃塞俄比亚的石油小河，而“流沙”指的应该是非洲的努比亚沙漠。沈福伟提到，西王母指的应该就是在麦罗埃统治的库施女王，那里曾经至少有五位女王，其中包括 Bartare（公元前 260 年—公元前 250 年）与 Amanikhatashan（公元 62 年—公元 85 年）。这些女王先后统治库施，在中国的古代典籍里都被称为西王母。②

中国古代典籍中的这些珍贵的史料不仅说明了中国与西方之间的地理联系，而且也证明了中国对西方世界了解甚广。③ 令人惊奇的是，在麦罗埃文明残留的画作和雕刻上也发现了对女王的类似称呼，即称呼其为 Kandake。据苏丹和西方的学者所说，这个词的意思正是“王母”。④ 其他几位统治过麦罗埃的女王也都被冠以“王母”的称号。⑤ 因此，中国所说的西王母很有可能我们就是这些库施女王们，如果这种说法真实可信，那么中国古代一定对当时北部苏丹的政治、社会制度有所了解。“王母”一

① 《后汉书》，卷 88。——译者注。

② 《史记》，卷一百二十三。——译者注。

③ 沈福伟，前引，第 7 页。

④ 欧麦尔·哈只·扎齐（Omer Haj Alzakhi），《女王在麦罗埃王国（公元 750 年—公元 350 年）中的作用》，尼罗河流域国家第四届国际会议，《持续与发展》，论文集，喀土穆亚非研究所，1982 年，第 13—16 页。

⑤ 同上，第 13—17 页。

词在麦罗埃的古代画作中一共出现了7次，[1] 而且可以确定，有四位女王确被冠以这样的称号，她们分别是Amanirenas、Amanishakheto、Nawidemak、Maleqorobar。[2]《华夏文化词典》中在解释“西王母”一词时，将其认为是女神，[3] 而在麦罗埃的古代画作及典籍中，王母，即Kandake，在当时也被人们认为是女神。[4]

由此看来，在公元222—公元280年，中国与北非的麦罗埃王国保持直接联系当为确凿无疑的事实。中国南部的吴国（公元222—公元280年）统治者孙权曾派遣宣化从事朱应、中郎康泰[5]奉使诸国，康泰回国后记载：“从加那调州，乘大海船，张七帆，时风一月余，乃入秦，大秦国也。”[6] 中国古籍提到这种船只时称其船体巨大，有七根桅。[7]

此外，在麦罗埃遗址中发现的中国瓷器也可证明，中国与苏丹在古代确有联系。[8]

---

① 欧麦尔·哈只·扎齐（Omer Haj Alzakhi），《女王在麦罗埃王国（公元750年—公元350年）中的作用》，尼罗河流域国家第四届国际会议，《持续与发展》，论文集，喀土穆亚非研究所，1982年，第14页。

② 艾麦勒·苏莱曼·巴迪：《古代苏丹女性的政治、社会及宗教地位》，载于《苏丹研究》，第13卷，2005年4月，第1期，第1—20页。

③ 张龙虎、陈庆煌、杨天戈主编：《华夏文化词典》，北京：华夏出版社，1988年版，第309页。

④ 欧麦尔·哈只·扎齐，前引，第1—2页。

⑤ 赤乌六年（公元243年）交广刺史吕岱遣宣化从事朱应、中郎康泰南宣国化，出使南海诸国，回国后，朱应著《扶南异物志》，康泰著《吴时外国传》，《吴时外国传》记录了出使南国时的经历的一百数十国的见闻，是古代南海最早的地志专书，原录一百数十国。两书均已散佚，只有《吴时外国传》散见于各种书籍的引文。——译者注。

⑥ 《吴时外国传》原书早已散佚，此句见于此句仅见于《太平御览》注，前后不明。——译者注。

⑦ 沈福伟，前引，第44—54页。

⑧ Constance Burton, Kathleen Dastur and others, The Educational Research Council, Social Science Program, Area Study, land of Africa, op. cit. pp. 44 – 45.

在麦罗埃遗址发现的瓷器是否来自中国还无法得到肯定，因为这些带有莲花的图案虽然极有可能来自中国，但也有一些历史学家认为这是受到埃及影响的结果。然而，无论事实究竟如何，麦罗埃与印度之间的贸易关系及发现的舶来品都证明了麦罗埃与外界存在着广泛的贸易关系。① 直至近代，莲花也仍然是中国瓷器上常常出现的图案，在苏丹阿宜宰布港口发现的珍贵瓷器残片上带有莲花图案，其历史可以上溯至宋朝。

中国古籍中有许多线索可以证明中国与苏丹之间早有交流，例如在战国时期（公元前 470—公元前 221 年），中国就有了来自埃及的祖母绿等宝石，而且这些宝石甚至在古代埃及王国早期就已经开始进入中国，黄玉、祖母绿产自红海沿岸的矿藏，自阿蒙霍特普三世（Amenhotep Ⅲ）② 的时期，波斯商人就将这些宝石引入中国了。③

中国历史学家指出，写于公元 240—公元 253 年的《吴时外国传》中提过罗马帝国的诸多物产及其海港和分布在红海的各个附属殖民地，这其中自然也提到了苏丹红海地区港口的丰富物产，例如黄金、珠母、玳瑁、树胶、犀牛角、象牙、珍珠以及祖母绿等宝石。④ 中国古籍中提到的埃及矿藏的一部分实际位于苏丹东部，因为在很长一段时期内苏丹红海的港口均隶属于埃及管辖，因此中国及西方的许多典籍都以为这些港口

---

① William Y Adams，马哈古卜·提贾尼·马哈茂德译：《努比亚：通向非洲的走廊》*Nubia*：*Corridor to Africa*，第二版，开罗：al-Fatima ikhwan 出版社，2005 年，第 338—345 页。

② 阿蒙霍特普三世（Amenhotep Ⅲ）（公元前 1417—公元前 1379 年在位），埃及第十八王朝法老，在位 38 年（约公元前 1391 年—约公元前 1353 年），在任期间大力发展对外关系。

③ 沈福伟，前引，第 26—27 页。

④ 沈福伟，前引，第 45—46 页。

属于埃及。埃及的雕刻早就记载，苏丹库施的金子和宝石曾运往埃及，此外雕刻也记载了当时曾在下努比亚的瓦瓦特（Wawat）以及在上努比亚的库施开采金矿的情况，库施的瓦迪阿拉基（Wadi Allāqī）及瓦迪卡巴甲（Wadi Kabjah）都有矿藏。[①] 而在成书于公元6世纪中叶左右的一本古籍中也曾提到，从布伦米人（Blemmyes）[②] 那里得到的祖母绿被贩卖至印度，商人们从中获取暴利。[③]

公元10世纪的麦斯欧迪[④]曾经明确提过，黄玉产自红海的贝扎地区，阿拉伯人和此前的埃及人曾在苏丹的贝扎地区大量开采这种矿石，中国的历史学家指出，公元222—公元280年，中国人就已经知道这种来自努比亚国家贝扎地区的宝石了。[⑤] 中国的一些文献中明确表示，公元166年，一些商人，可能是埃及人，“携带着非洲的特产象牙、犀角等厚礼，自埃及的亚历山里亚启程，经红海、印度洋海道来华。”[⑥]

这也许是中国古代正式文书中关于中国和尼罗河流域交流

---

① William Y. Adams，马哈古卜·提贾尼·马哈茂德译：《努比亚：通向非洲的走廊》*Nubia: Corridor to Africa*，前引，第226页。

② 即贝扎人（the Beja）（也译作贝杰人），东北非苏丹民族。主要分布在苏丹的东北部地区，另有少数分布在埃及东南部和埃塞俄比亚西北部。《大英百科全书》提到过贝扎人，认为这些人是游牧民族，早在公元4000年多年前就在红海、尼罗河与阿特巴拉河之间、从阿斯旺直至厄立特里亚高原一带的山区活动，奥德赛中提到这些人，称之为Erembes，古埃及人称之为Buka或Medju，罗马时期称之为Blemmyes。——译者注。

③ William Y. Adams，马哈古卜·提贾尼·马哈茂德译：《努比亚：通向非洲的走廊》*Nubia: Corridor to Africa*，前引，第354页。

④ 麦斯欧迪（？—957）阿拉伯历史学家地理学家、旅行家，有《黄金草原与珠玑宝藏》一书传世，此书为一本百科全书式的地理著作。——译者注。

⑤ 沈福伟，前引，第45页。

⑥ 何芳川：《源远流长，前程似锦的中非文化交流》，选自周一良主编：《中外文化交流史》，河南出版社，1987年版，第806页。

的最早记载。

也许可以这样猜测，那就是也许埃及人带入中国的象牙和犀牛角原本就是苏丹的产物，因为自古以来埃及就没有大象和犀牛存在的痕迹。麦斯欧迪在《黄金草原》一书中曾经提到苏丹人素来习惯杀象取牙，因此苏丹象牙颇丰，阿曼商人曾将其贩卖至中国。[①]

蒂姆西·肯达尔（Timothy Kendall）是研究努比亚古代历史的著名考古学者，他曾经这样写道："几个世纪以来，苏丹都在向埃及提供象牙和虎皮。"[②] 如此说来，中国与尼罗河流域最早有文字记载的交流应该指的就是这些埃及人于公元 166 年将苏丹物产贩卖至中国。更何况，在埃及的商贸队伍中还很可能有苏丹人，或许他们在那个时候就曾到过中国。中国古籍记载，确有一队来自尼罗河流域地区的使团曾到过中国，这支使团来自埃塞俄比亚，曾经在大约在公元 100 年抵达中国汉朝的都城洛阳，使者们带着与中国建立友好关系、加强贸易往来的使命而来，在中国的宫廷中受到了厚待。[③]

迫于与埃塞俄比亚人进行商贸活动的竞争，也许苏丹人也曾派遣过政治性和贸易性的使团出访过中国，因为麦罗埃的雕刻中明确记载，他们曾派遣使者前往罗马，以加强双方的政治、贸易关系，费莱（Philae）神庙中关于公元 260 年麦罗埃统治者 Takideamani 的雕刻便记载过派遣使者出使罗马的事。[④]

---

① 伊本·哈桑·阿里·本·哈桑·本·阿里·麦斯欧迪：《黄金草原》，第 2 卷，知识出版社，贝鲁特，1982 年版，第 7 页。

② Timothy Kendall, op. cit. , p. 102.

③ 沈福伟，前引，第 43 页。

④ William Y. Adams，马哈古卜·提贾尼·马哈茂德译：《努比亚：通向非洲的走廊》*Nubia*: *Corridor to Africa*，前引，第 335 页。

第二节 唐朝（公元618—907年）中国与苏丹的关系——杜环的苏丹之游

尽管能证明在基督教王国统治时期中国与苏丹存在直接关系的证据少之又少，但仍然可以确信的是，两国之间直接往来的情况应该在公元8世纪中期杜环前往苏丹游历时就已经有了记载。

杜环是一名中国军官，于公元751年6月在中国与阿拉伯人之间的怛罗斯战役中被俘。他在阿巴斯朝的大地上销声匿迹，12年后又在中国出现，并编撰了《经行记》一书，此书大部分已经散佚，只在其族叔杜佑编写的通典中还保留了一部分，他在书中提到了一个名叫摩邻国的地方，穿越了广阔的沙漠后，他到达此地发现，“其人黑，其俗犷”。根据他所述，他在前往摩邻国时穿过了一片山区，那里的人们信仰多种宗教，如大秦法、大食法、寻寻法。[①] 这个地方应该离海边不远，因为那里“马食干鱼、人餐鹘莽”，鹘莽应该指的就是椰枣。那里的气候并不算好，“少米麦，无草木，瘴疠特甚”，[②] 夏德[③]引证马端临[④]的话时认为：

---

① 大秦法即在埃及、努比亚和埃塞俄比亚流行的基督教，是早期受到罗马文化影响的柏柏尔人的习俗。大食法指的是指的是近期入侵的阿拉伯人的习俗，即埃及和努比亚沿海的阿拉伯人信奉的伊斯兰教，而寻寻法即尼罗河以东苏丹境内从事转口贸易的牧民贝扎人信奉的原始拜物教，是包括曼丁哥、索宁凯、桑海、豪萨等土著黑色人种的习俗。——译者注。

② 杜佑《通典》卷一九三。——译者注。

③ 夏德（Friedrich. Hirth，1845－1927），近代西方著名汉学家、德国慕尼黑大学博士，其作品有《中国与罗马东边地》或译为《大秦园全录》（*China and the Roman Orient*）。——译者注。

④ 马端临（1254—1323年），字贵舆，号竹洲。中国古代宋元之际著名的历史学家，著有《文献通考》、《大学集注》、《多识录》，对于以往的史学家及著作，他特别推崇唐朝杜佑的《通典》和南宋郑樵的《通志》。——译者注。

诸国陆行所经之处的人们是同一血缘。①

在红海地区的所有港口中并未发现杜环提过的摩邻国这个地方，甚至是在埃及或者厄立特里亚附近的海滨地区也都没有这样一处所在，如果他的原著没有散佚的话，今天也许还能找到更多关于此地的信息。夏德在他的著作《中国与罗马东边地》一书中说过，杜环经过的沙漠一定就是西奈沙漠或者西奈半岛。也许杜环在书中提到的其疆域延伸至红海西岸的地区指的就是埃及东海岸的港口，据夏德所述，那里比非洲内陆地区更有可能以鱼干给马匹喂食。他还提到，埃及的红海海滨以盛产鱼类和椰枣闻名，那里如同埃及其他地方一样，以这些为主要食物。②

菲利普·斯诺在他的作品中认为杜环很可能到达过古代阿克苏姆王国的海滨，也即是今天被称为厄立特里亚的地方，他认为，这是对杜环所说的多宗教混杂状况的最好解释。③

斯诺对杜环的厄立特里亚之行的目的表示疑问。他试图解释杜环为何前往此地时这样说道：“根据《巴克特条约》，④ 信奉基督教的努比亚国王派遣使团前往觐见阿巴斯朝的哈里发，在公元759年—公元760年，巴格达的哈里发派遣使团护送努

---

① 杜环：《经行记》，杜佑的《通典》（公元801年成书）引用此书，有1500余字保留至今。也可参见 Snow, Philip, op. cit., pp. 3 – 5，也可参见 Friedrich. Hirth, *China and the Roman Orient*, leipsic and munich, Georgo Hirth, Shanghai and Hong kong, Kelly & Walsh, 1885, reprinted in China 1930, pp. 204 – 207.

② Hirth, op. cit., pp. 204 – 205.

③ Snow, Philip, op. cit., p. 4.

④ 《巴克特条约》（Baqt Treaty）：公元651年，作为阿拉伯帝国一部分的驻埃及总督阿布德·阿拉·伊本·萨阿德（Abd Allah ibn Saad），与南方的基督教努比亚王国签订了著名的《巴克特条约》。在世界史上，这是一个具有特别象征意义的国际关系条约，条约后经多次修正，持续的效力长达六七百年。——译者注。

比亚的埃米尔返回他在北非栋古拉（Dongola）[①] 的王国，也许杜环以随从的身份在使者之列。”作为哈里发的附庸，努比亚人长期以来一直跃跃欲试，试图反抗巴格达的哈里发政权，而哈里发政权特意选派一位中国人作为随从前往，也许正是为了起到某种威慑作用，以显示阿拉伯人统治疆域之广阔。[②]

菲利普·斯诺试图明确杜环在红海海岸究竟去过哪些地方，对于任何一个了解红海地区地理、文化的苏丹人或非洲人而言，他的猜测比夏德的更接近事实，因为夏德认为杜环到过红海的东部或者西岸，显然，他圈定的范围太过广泛，他还认为杜环到过的港口有可能就是埃及的某个港口。然而根据杜环所描述的历史、地理及文化情况来看，杜环去过的应该是苏丹东部滨海的贝扎地区，而他所说的、也就是夏德认定的埃及港口很有可能是东苏丹的巴迪（Badi）[③] 或者阿宜宰布的某个港口。尽管菲利普·斯诺在谈及苏丹贝扎部落时几乎就要提到这个地区，但他却并不认为杜环到过苏丹，而是认为他所抵达的是厄立特里亚，其依据就是杜环关于该地宗教混杂的说法。但苏丹红海的海岸的贝扎地区同样也是宗教混杂，那里的人们崇拜伊斯兰教、基督教以及古代麦罗埃的偶像。《列国志》（*Kitāb al-Buldān*）的著者艾布·伯克尔·艾哈迈德·本·穆罕默德·哈姆达尼（Abū Bakr Aḥmad ibn Muḥammad al-Hamadhānī），即伊

① 栋古拉为苏丹北部城镇。在尼罗河左岸，北距第三瀑布 72 公里。历史上是重要商站，现为北方省首府和贸易中心，牲畜、皮革、椰枣、谷物集散地。城南有古栋古拉城遗址，六到十四世纪时曾为基督教王国穆库拉都城。——译者注。

② 关于努比亚埃米尔前往巴格达的情况也可参见马基·舍贝卡的《几个世纪以来的苏丹》，贝鲁特，文化出版社，1964 年版，第 12 页。

③ 巴迪今属于 jazīra alrīh，在苏丹及厄立特里亚边境。也可参见萨拉赫·欧麦尔·萨迪克，《苏丹的伊斯兰遗迹现状》，前引。

本·法格海（Ibn al-Faqīh，卒于公元 903 年）在提到贝扎地区时，就以该地区作为宗教混杂之地的典型，他这样写道："贝扎地区的阿拉基人（Allāqī）是苏丹人，他们中既有穆斯林，也有基督教徒和偶像崇拜者。"① 卒于公元 907 年的麦斯欧迪也曾提到过贝扎地区的偶像崇拜。② 此外，卒于公元 903 年的伊本·阿卜杜·拉比在其所著的《罕世璎珞》（*al-'Iqd al-Farīd*）、公元 905 年叶耳孤比在其所著的《世界史摘要》（*Tārīkh al-Ya'qūbī*）以及生活在 10 世纪的伊斯泰赫里 Iṣṭakhrī 在其所著的《省道图志》（*Al-Aqālīm*），都指出贝扎地区存在偶像崇拜。③

贝扎地区的人们严格遵守偶像宗教崇拜的仪式，穆斯林学者的书中对此多有提及。在贝扎地区墓葬的考古挖掘中可以发现，他们还采用了正确的伊斯兰教墓葬方法。④

贝扎人大都信奉麦罗埃的神灵，他们经常去这些神灵的庙宇朝拜，这种情况一直持续至公元 583 年，他们与这些偶像一并驱逐出费莱神庙，神庙也被关闭。还有一些阿拉伯古代典籍认为贝扎地区的偶像崇拜结束于公元 10 世纪。⑤

---

① 伊本·法格海·哈姆达尼：《列国志》，1885 年，Brill，Leiden 出版，第 121 页。

② 伊本·哈桑·阿里·本·哈桑·本·阿里·麦斯欧迪：《黄金草原》，第 2 卷，第二次印刷，萨阿达出版社（Maktabah alş adah），埃及，1958 年版，第 18 页。

③ A. B. A. Ya'qūb Gaafar B. wahb al. katib al Yaqubi al-Abbasi. Tarih. Volume 1. Dār Sadar . Beirut，1960. p. 96. 也可参见 Alshikh Abi Is ḥ āg. Kitāb Al-Aqālīm. Al-aqālīm. Gothae，libraria，Brcheriana MDCCCXXXIX. p. 18.

④ 笔者对喀土穆大学教授艾哈迈德·M. A. 哈基姆的采访，艺术学院，考古系，1994 年 10 月 6 日。也可参见艾哈迈德·M. A. 哈基姆，Al Atabye and the Red Sea，未发表手稿。

⑤ A. B. A. Ya'qūb Gaafar B. wahb al. katib al Yaqubi al-Abbasi. Tarih. Volume 1，Dār Sadar ，Beirut，1960，p. 96. 也可参见 Alshikh Abi Is ḥ āg. Kitāb Al-Aqālīm. Al-aqālīm. Gothae，libraria，Brcheriana MDCCCXXXIX，p. 18.

菲利普·斯诺的说法更为可信，即杜环看到的正是至今仍然生活在苏丹东部的贝扎部落，他们保留着自己的语言和文化，与杜环在公元8世纪中期看到的没有什么变化。无论如何，斯诺都试图在他的分析中再次确定：杜环的确到过苏丹。当然，他还必须回答一个问题，那就是杜环究竟在那里干什么？对此，他的回答是：阿巴斯朝的哈里发派遣了一个使团护送努比亚的埃米尔回到苏丹北部的栋古拉，杜环以使节身份位列其中。值得注意的是，虽然斯诺对杜环到过的地方进行了细致的调查，也尽管他试图分析杜环前往该地的原因，但他还是犯了一个地理性的错误，因为他将苏丹的巴迪归于厄立特里亚，并猜测他到过此地。他在书中这样写道："巴迪是厄立特里亚的一个港口，杜环对此非常熟悉。"①②

苏丹考古学家艾哈迈德·穆罕默德·阿里·哈基姆教授同意之前的猜测，他在书中这样写道："杜环在《经行记》中所记载的描述与红海海滨，特别是巴迪、阿宜宰布及哈拉伊布（Ḥalā'ib）港口简直如出一辙，贝扎人就住在这块土地上，他们的文化是苏丹固有文化中的基本组成部分。直至今日，在贝扎和附近海滨地区仍然枣椰树遍布，而且与苏丹的其他地方一样，那里疟疾蔓延，气候炎热，且鱼类资源丰富。"他还认为苏丹东部大部分的港口都是闻名的重要港口。③ 此外，这里的居民自古以来就以善战闻名，这正与杜环所说相吻合。在在叶耳孤比的书中可以找到距今最近的关于这个地区的居民善战的言论，他在历数贝扎的王国时说道："第五王国被称为 qiṭ'a，这是贝扎的最后

---

① 菲利普·斯诺，前引，第8页。

② The Sudanese documents confirm PFRINCE Nuba travel to Baghdad. See Shibeka, op. cit., p. 32.

③ 笔者对哈基姆教授的采访，前引。

一个王国，他们的国土幅员辽阔，从巴迪一直绵延至 fīkūn。他们的武器尖锐，有名叫 Dār al-Swā 的角斗场，鼓励青壮年们为战斗做好准备。"① 伊本·白图泰曾于1325年来过此地，他也曾经说过："这里富有鱼类、奶和椰枣，居民的肤色为黑色。"②

因此，杜环很有可能在公元8世纪中期到过苏丹，如果此事确凿，那么这将是苏丹和中国在伊斯兰教时代最早的接触了。杜环在《经行记》中所写也将是中国史料中关于苏丹最重要的记载。

此外，还有另外两位中国学者也持有这种看法。其中一名便是北京大学的刘麟瑞教授，他曾经在中国与马格里布关系论坛中提交了相关论文，其中就提到"杜环在阿拉伯国家游历时到过苏丹"。③ 另一名学者是王贵发，④ 他认为杜环在抵达摩洛哥西岸前到过苏丹和埃及。⑤

第三节 在苏丹的考古发现以及唐宋元明清时期两国关系的各种证据

在中世纪，中国已经知道苏丹的存在。中国学者张星烺认为中国地理学家早就听说过苏丹。⑥ 他还认为在段成式于公元

---

① 叶耳孤比，前引，第193页。

② Def Rem Ery B. R. Translated by H. A. R. Gibb, The Travels of Ibn Battuta (A. D. 1325 - 1354), Translated with revisions and notes from the Arabic Text. Reqroduced by permission of the Hakluxt Society, Nendeln, Lech Tenstein, 1958, pp. 68 - 69. See also Abu Abdalah Mohamed Ibn Ibrahim.

③ 刘麟瑞：在中国与马格里布国家关系论坛上提交的论文，1981年，北京。

④ 王贵发曾担任我国驻埃及、叙利亚、伊拉克等国的文化参赞。

⑤ 《中非杂志》，1991年2月，第2期，第25页。

⑥ 也可参见陈公元著：《古代非洲与中国的友好交往》，北京：商务印书馆，1985年版，第15页。

850—公元860年所写的《酉阳杂俎》里，苏丹被记载为“悉怛”。此书还提到另一个名叫“怛干”的地方。①

此书提到的地方究竟是苏丹北部的努比亚地区还是另有所指至今仍无法确定。但无论如何，此书的作者在提到埃及的时候明确将其命名为“勿思离”，而将埃及南部称为孝亿国，因此怛干很可能就是苏丹北部的某个地区。

关于中国古籍中被称为“悉怛”的苏丹养育马匹的猜测已经得到了考古发现的确认。在库鲁（alKaroo）和上努比亚的第四瀑布处的著名国王墓葬中已经发现了数量巨大的殉葬马匹的骸骨。② 苏丹古代的记载和典籍这样写道：“打败了埃及、在埃及建立了第二十五苏丹王朝的皮耶（曾音译作庇安喜 Py‘ankh）在听闻埃及统治者如何残忍对待马匹时十分感伤。”③

杜环在公元8世纪中期到过苏丹东部，这里的巴迪、阿宜宰布、萨瓦金港口在苏丹与远东、特别是与中国建立关系之初发挥了重要的历史作用。当然，其中最重要的当属阿宜宰布，对阿拉伯的商人、地理学家和历史学家而言，这个古老的海港最为出名，它坐落在红海海岸，哈拉伊布以北，伊本·贾比尔·安达卢西曾在18世纪来过此处，他见这里船只云集，印度的、也门的船只都在这里下锚启航，便将阿宜宰布形容为人世间最繁忙的港口。麦斯欧迪在《黄金草原》一书中也提过，该地区盛产的黄玉在这里向东运往中国，向西运往西班牙，向北

---

① 也可参见陈公元著：《古代非洲与中国的友好交往》，北京：商务印书馆，1985年版。也可参见陈公元，前引，第15页。

② William Y Adams，马哈古卜·提贾尼·马哈茂德译：《努比亚：通向非洲的走廊》，前引，第309、402、406、407、423页。

③ 马基·舍贝卡，前引，第26页。

运往俄国和巴尔干诸国。[①]

公元 9 世纪起，阿宜宰布港口已经为阿拉伯和亚洲的地理学家们所熟知，然而在罗马统治时期，它或许还有另一个名字，也就是西方典籍里所说的泊尔尼卡（Bernica），苏丹学者加法尔·米尔加尼博士与笔者意见一致，他也认为泊尔尼卡就是阿宜宰布，而且在当时的罗马地图上，阿宜宰布的所在地标注的恰恰就是泊尔尼卡这个名字。还有一些西方作家也持有同样的看法，克劳夫特（Crowfoot）在其 1911 年发表于《地理杂志》的论文中就认为阿宜宰布就是泊尔尼卡。

在谈及中非贸易之路时，夏德援引成书于公元 5 世纪的《后汉书》中的证据，认为："这条道路路过伊朗、伊拉克、叙利亚直至红海。""红海沿岸有不同的地方都在与东方开展贸易，也许这些地方都是大秦的港口，从泊尔尼卡也即是阿宜宰布的道路也许延伸至尼罗河最南边的科普特斯（Coptos）[②]。"一些研究者也注意到了泊尔尼卡（阿宜宰布）的重要地理位置，当罗马帝国在公元 3 世纪逐渐没落时，红海港口的商贸活动也开始衰退。尽管出现这种颓势，但印度和中国的船只仍然会来到泊尔尼卡，当地的人们也依旧可以从事象牙、珍珠、黄金的买卖。[③] 值得注意的是，从泊尔尼卡，也即是阿宜宰布到埃及科普

---

① 穆罕默德·伊本·艾哈迈德：《伊本·朱拜尔游记》（*Travels of Ibn Jubayr*）贝鲁特：萨德尔出版社 Dr Sadar，1909 年，第 33、45、46 页，阿拉伯语版。也可参见麦斯欧迪，第二卷，第 18、23 页。也可参见 Gaffar Murgani，*The Literature of the Sudanese Egyptian Frontier*，Huroof，Volume 1，Issue No. 4，June 1993，pp. 101，103，104.

② 科普特斯为上埃及的城市，距离卢克索 Luxor 北边约 43 公里，是古埃及穿越红海的贸易大城，也是一个重要的宗教中心，它的希腊语发音为 Koptos，古埃及音为 Gebtu。——译者注。

③ J. F. E. Bloss The Story of Suakin，Part 1. The Pre-Turkish Era，Sudan Notes and Records，Volume XIX，1936，p. 278.

特斯的道路直到公元19世纪之间还非常活跃。

由此可见，自古以来，苏丹和中国的之间的贸易之路就一直以某种方式联系着，作为古代重要港口的阿宜宰布，尽管在古代另有别名，但可以确定的是，它在伊斯兰教时期之前就已经存在了。加法尔·米尔加尼博士认为阿宜宰布这个名字本身有可能是讹音的结果，在古代，它的本名应该是阿扎布（Adhb），以麦罗埃文字书写的一些雕刻中提到过这个名字，意思是“海滨之家”(bayt sāḥil)。此后，原本意味着阿扎布海滨或者阿扎布陆地的名字就在一些阿拉伯伊斯兰的典籍中讹传成了阿宜宰布。

在阿宜宰布的考古发现中出土了许多伊斯兰教之前的中国彩色陶器以及一些可以追溯至托勒密时期[①]刻有拉丁字母的小型雕像。大约自公元8世纪始，阿宜宰布才以现在的名字为人们所知。直到公元15世纪，这个港口都是苏丹与中国贸易往来之路的必经之路或最后一站。许多阿拉伯伊斯兰典籍都指出，它是与远东、中国进行商贸交流的重要站点。《伊斯兰历史图册》的作者哈桑·穆恩纳斯说过这样的话：“前往东方的路其陆路始于埃及福斯塔特 al-Fsṭāt 直到苏伊士（al-Qulzum）[②]港，然后途径阿宜宰布，到达吉达（Jiddah）以及也门和东方的各口岸。”[③]哈桑·穆恩纳斯援引伊本·胡尔达兹比（Ibn Khurdadhbih）[④]的

---

① 托勒密王朝（公元前333—公元前30年），是由马其顿君主亚历山大大帝死去后，其将军托勒密一世开创的一个王朝，主要统治埃及，是埃及的一个朝代。——译者注。

② 苏伊士的旧称为 Al-Qulzum，现称为 Suez，al-Sūwais（阿语音译）。——译者注。

③ Hassan Mouanas, History of Islam Atlas, Cario, Alzahra for Arab. Mass Media, first edition, 1987, p. 297.

④ 伊本·胡尔达兹比（公元820—912年），波斯血统的黑衣大食地理学家，著作仅有《道里邦国志》（*Kitāb al-Masālik w'al-Mamālik*）传世，又译为《省道记》、《道程及郡国志》。

话时曾说过这样的话：自苏伊士港口衰落之后，人们都蜂拥至阿宜宰布，将货物运至吉达、身毒（Sindhu）[①] 和中国。[②]

麦格里齐（al-Maqrizi）[③] 在他的书中也提到，阿宜宰布港口船只甚多，来自印度、也门、中国的船只在这里启航、下锚，毫不夸张地说，这里是世界上最繁华的港口之一。[④]

苏丹的典籍在提到阿宜宰布的时候将其称为文化中心，认为它是朝觐的重要港口以及与远东、中东、欧洲、非洲进行贸易往来的中心。[⑤]

诸多考古发现都证明阿宜宰布曾经是苏丹与中国交流的重要枢纽之一，也许自中国的唐朝（公元618—公元907年）开始，苏丹和中国就已经保持贸易往来。许多苏丹和外国考古学家、学者已经在阿宜宰布的海滨沿岸发现了几千件深受中国瓷器影响的瓷器碎片，其历史可以不间断地从中国的明朝一直追溯至唐朝，这意味着中国与苏丹在这几个世纪以来都一直保持着贸易往来，阿宜宰布也是将中国瓷器运送至阿斯旺以及其他埃及城市、[⑥] 苏丹国内甚至非洲西部的中转站。

---

① 身毒为印度河流域古国名。始见于《史记》，为中国对印度的最早译名，原文为梵语 Sindhu，古波斯语讹为 Hindhu，古希腊语更转为 Indus。其后中国古文献中亦作申毒、辛头、信度、身度、天竺、贤豆、印度等，皆同音异译。

② Hassan Mouanas, History of Islam Atlas, Cario, Alzahra for Arab. Mass Media, first edition, 1987, p. 297.

③ 麦格里齐（1364—1442年），著名著作有《埃及志》（一译《劝善与尊重》），是一部专论埃及地方志、历史地理、物产、人物、宗教和文化的重要著作，其资料大多摘自前辈学者关于埃及历史及地理著作。该书被译成法文和英文。后世学者称他为“埃及史学家之王”。

④ Hassan Mouanas, History of Islam Atlas, Cario, Alzahra for Arab. Mass Media, first edition, 1987, p. 297.

⑤ Sudan Notes and Records, University of Khartoum, Faculty of Arts, Khartom, 1979, Issue No. 60, Vol. 5, pp. 98, 109.

⑥ 何芳川，前引，第813页。

著名历史学家、北京大学教授张广达指出，10 世纪时，中国瓷器从阿宜宰布运往福斯塔特。① 1912 年—1920 年，考古学家在阿宜宰布发现了大约 60 万件瓷器残片，其历史可以从公元 8 世纪一直追溯至公元 9 世纪，此外还发现了大批可以追溯至 16 世纪和 17 世纪的瓷器残片，这些都是苏丹和中国贸易往来频繁的明证。②

有个也门犹太商人曾于公元 14 世纪时到过阿宜宰布，他提到，运往阿宜宰布港口的最重要的货品就是瓷器。③ 日本学者三上次男（Mikami Tsugio）④ 指出，阿宜宰布在红海沿岸足有两公里长的地带都布满了瓷器碎片，这些碎片的历史可以追溯至中国的几个王朝。经过检测后发现，瓷器残片中的样本属于中国晚唐、宋朝、元朝以及明朝初期。⑤

与其他考古学者一样，这位日本学者也同样认为阿宜宰布是将瓷器从该地区中转至全世界的重要贸易中心。⑥

1966 年，三上次男在阿宜宰布海岸进行了一次简单的清理，还未开展正式挖掘，他就已经找到了大约 1000 片中国瓷器的残片，其中就包括产自中国南部省份浙江最著名窑口越窑的瓷器，那里自汉朝起就出产瓷器，并一直延续至宋朝。在阿宜宰布还发现了福建窑青瓷、景德镇青白瓷，⑦ 以及其他许多著名瓷器，

---

① 张广达："海舶来天方，丝路通大食——中国与阿拉伯世界的历史联系回顾"，选自周一良主编：《中外文化交流史》，前引，第 774 页。

② 三上次男："中国瓷器在埃及的发现"，《中外关系史》，上海出版社，1984 年版，第 3929 页。

③ 同上，第 193 页。

④ 三上次男（1907—1987 年），日本著名的陶瓷学家和历史学家，文学教授、考古学者。

⑤ 三上次男："中国瓷器在埃及的发现"，《中外关系史》，上海出版社，1984 年版，第 3929 页。

⑥ 同上。

⑦ 马文宽、孟凡人：《中国古瓷在非洲的发现》，北京，1987 年版，第 6 页。

例如：

1. 白瓷。
2. 黑褐釉瓷。
3. 南宋龙泉窑瓷。
4. 青釉瓷。
5. 明朝初期的青花瓷。
6. 元朝带有蒙古文的青花瓷。

三上次男注意到，无论前往阿宜宰布沿海的何处，他都能找到可以上溯至中国多个朝代和时期、深受中国影响的瓷器碎片，他据此得出这样的结论：毫无疑问，阿宜宰布是中国瓷器外销的主要港口和重要中心，这些瓷器从中国出发一直运往阿宜宰布，途经海路超过一万多海里。①

从 19 世纪的后 25 年直至 20 世纪的上半叶，许多学者都对这个古老的港口阿宜宰布开展挖掘工作，并对此进行了大量研究，其中就包括 G. W. Murrey。

研究者们在阿宜宰布开展的研究以及他们发现的古代瓷器碎片足以证明苏丹与中国以阿宜宰布为港口的贸易往来之频繁，这种贸易应该始于 10 世纪，并一直持续至 16 世纪。最重要的考古发现当属追溯至 13—15 世纪的龙泉窑瓷器，此外，考古还发现了瓷砖与白瓷，以及可以追溯至宋朝的画有莲花图案的青花瓷盘子和画有鱼类纹饰的盘子。在阿宜宰布发现的这种彩色（青色和白色）盘子与在蒙古南部的 Khorakhoto 发现的盘子极为相似，而该地在公元 12 至 14 世纪曾经非常繁荣。瓷砖与白瓷的历史可以上溯至公元 10—12 世纪。此外，还发现了一个黄色

① 马文宽、孟凡人：《中国古瓷在非洲的发现》，北京，1987 年版，第 6 页。

的壶，可能是12世纪的酒壶。①

令人瞩目的考古发现还有很多。例如，在阿宜宰布还发现了一片写有八思巴文字（Bashpa）的盘子碎片。而被发现的酒壶有可能产自今天的山东，上面以蒙古文写着 sayi darasun，意为“好酒”。此外，还有一个16世纪的瓷盘，上有八思巴文。这种八思巴文字直至16世纪时还并不通行，因此这个盘子有可能是为一些喇嘛庙中的喇嘛特别定制的。值得一提的是，G. W. Murrey 发现的瓷器碎片据其本人估计，其历史应该都上溯至公元1426年之前。②

在阿宜宰布最重要的考古成果应该是中国宋朝时期铜币的发现，虽然钱币只得一枚，但其发现仍然具有特殊意义，因为这是第一次在红海地区发现中国的古代钱币。③

喀土穆大学及法国里昂大学的联合代表团于1979年—1981年在阿宜宰布沿海进行了考古发掘，他们同样发现了大量公元11世纪—15世纪的中国瓷器。④

张广达教授认为中国古代典籍中曾记载过，在埃及的马木鲁克王朝时期（公元1250—1517年），有一些来自埃及、叙利亚的阿拉伯商人来到中国经商，生于1149年的阿兹丁·阿卜杜·阿齐兹·本·曼苏尔·卡里米（ʿIzz al Din Abdelazīz

① RI Hobson, Chinese Fragments from Aidhab and Some Bashab Inscriptions, This is not First appeared in transactions of the Oriental Ceramic Society 1926 - 1927, pp. 19 - 21, London, 1928, Kush Journal of The Sudan Antiquities Service, Volume V, 1957, pp. 90 - 92.

② 前引。

③ 同上，也可参见 Kush Journal of The Sudan Antiquities Service, 1993.

④ Ahmed Mohamed Ali Hakim, The Sudanese-French project for scientific research at Red Sea area 1979 - 1981. Faculty of Art magazine. University of Khartoum, Khartoum, 1983, No. 5, pp. 40, 42, 44.

bn Mansūr kārīmī）也在其中。中国典籍提到，他曾 5 次来中国经商，也因此而生活富裕。张教授认为卡里米家族中最重要的人物就是阿兹丁·阿卜杜·阿齐兹·卡里米。中国古代典籍中指出，卡里米家族经营着一种类似银行的特殊业务，除了瓷器，他们还与中国进行纺织品和衣物的贸易往来，张教授援引 Arther Lane 和 R. B. Serjeant 的话说道，卡里米家族是个犹太家族。①

然而苏丹考古学家艾哈迈德·穆罕默德·阿里·哈基姆教授却认为卡里米家族就是一个苏丹家族，而不是某些记载所说的埃及人或是犹太人，又抑或是印度人，卡里米家族中有许多商人直接与中国通商，他们的经商活动自 13 世纪开始，并一直延续至 15 世纪。哈基姆教授认为，他们经商的中心就是距苏丹哈拉伊布以北 23 公里处的阿宜宰布，当时的阿宜宰布已经是瓷器的重要通商港口和中心，船只从中国盛产瓷器的中心、各个作坊以及位于设拉子（Shirāz）、塔吉克斯坦、阿富汗的中国瓷器交易市场蜂拥而至，而卡里米家族就负责管理瓷器的分配和贸易。②

无论是阿拉伯的典籍还是埃及或中国的典籍都一致认为卡里米家族是商队中重要的一支，他们垄断了印度、远东和中国的贸易。其商贸活动主要集中在印度洋，那里的港口堆满了来自远东、印度及中国的货物。他们以红海的阿宜宰布沿海为根基。阿拉伯的典籍认为这个家族的名字来源于苏丹西部、位于加扎勒河（Bahar al-Ghazāl）及乍得湖之间的加涅姆（al-Kānim）地区，这个名字在传播过程中发生了音讹，但人们以讹传讹，导致了后来

① 张广达，前引，第 754 页。

② 与哈基姆教授的采访，前引。

的这个名字反而在那些香料商人中声名远播。[1] 盖勒盖珊迪（al-Qaliqshāndī）[2] 在《曙光与收获》（*Ḍaw' al-ṣubḥal-musfir wa-janā al-dawḥal-muthmir*）一书的第253页这样写道：卡里米家族原来居住在红海的阿宜宰布港口。埃及历史学家也都这样认为，穆罕默德·穆斯塔法·齐亚德（Muḥammad Muṣṭfā Ziyād）在《马木鲁克王朝史》（*Tārīkh Mamālīk*）的第二卷中写道：我们没有证据可以证明卡里米家族的商人们在埃及定居并从事香料等东方货物的买卖活动。[3] 麦加利齐指出，卡里米家族的商人们富可敌国，“他们将货物以骆驼从阿宜宰布运往古斯（Gawṣ），然后又渡过尼罗河到达卡里米家族在福斯塔特和开罗的旅馆和货舱”。[4]

将卡里米家族认为是犹太人的言论也许是因为他们在红海沿岸和非洲与犹太商人有着贸易联系，在埃及发现的史料，如在古代埃及所在区域的福斯塔特犹太神庙中发现的藏经库（Genizah）[5] 古代手稿（犹太学者 Shelomo Dov Goitein 穷其一生整理这些手稿）就记载了卡里米家族与犹太人密切的商贸关系。

---

① 盖勒盖珊迪，*Ḍaw' al-ṣubḥal-musfir wa-janā al-dawḥ al-muthmir*，第253页。也可参见《马木鲁克时期埃及的海上贸易史》，高等教育及学术研究部，摩苏尔大学 University of Mosul，1975年，第54—55页。

② 盖勒盖珊迪（1355—1418年），埃及著名历史学家和文学家，生于埃及的盖勒盖珊戴。其著作《夜盲者的曙光》*Ṣubḥal-aÁshā* 共十四卷，《曙光与收获》为其缩写本。——译者注。

③ 盖勒盖珊迪，*Ḍaw' al-ṣubḥal-musfir wa-janā al-dawḥ al-muthmir*，第253页。也可参见《马木鲁克时期埃及的海上贸易史》，高等教育及学术研究部，摩苏尔大学 University of Mosul，1975年，第54—55页。

④ 同上。

⑤ Genizah，希伯来文可大致翻译为“储存所”，即藏经库，一种毗邻犹太教会或犹太墓地储藏希伯来文书籍或文件的储藏室。犹太法规定，不能乱扔正式书写有上帝名字的纸张，所以这些纸张都被烧掉或藏匿起来。

众所周知，卡里米家族在麦加和开罗资助兴建了许多清真寺、医院和学校。[①] 他们也有可能兴建了一些便民设施，例如在阿宜宰布兴建便于商人和朝觐者休息的水仓。而犹太人当然不会热衷于修建穆斯林的清真寺，同理，穆斯林也没有可能去修建犹太人的神庙，更何况这个家族的名字本来就是个伊斯兰的名字，而不是犹太人的名字，例如阿兹丁和阿卜杜·阿齐兹的家族名就是如此。

一些文献和研究者认为卡里米家族是埃及人，这种混淆不难理解，因为阿宜宰布也许被认为是个埃及港口，正如前文所述，阿宜宰布是个臣服于贝扎的国王和埃米尔统治的苏丹港口，而埃及之后的统治者也非常重视发展这里，力图使其成为埃及与红海各国的主要交通命脉，有时由埃及对其实施管理，有时它又实行自治。许多阿拉伯航海家和地理家都认为阿宜宰布是由苏丹贝扎部落掌控管理的苏丹港口。麦斯欧迪提到伊历 332 年赖比尔叶·本·尼札尔·本·迈尔埃德·阿德南（Rabī ‘a ibn Nizār bn Ma‘add ibn Adnān）分支的一些阿拉伯人与贝扎之间的联盟[②]时曾提到阿宜宰布是贝扎和赫代里贝（Ḥ adāribah）的港口，伊斯泰赫里在《省道图志》一书中提到埃及的边界直至贝扎金矿之间有个叫阿宜宰布的城市。[③]《省道指南》（*Zubdat Kashf al-Mamālik wa-Bayān al-T uruq wa-al-Masālik*）一书的作者伊本·沙欣（Ibn Shāhīn）认为："阿宜宰布在赫代

① 盖勒盖珊迪，*Ḍaw' al-ṣubḥal-musfir wa-janā al-dawḥ al-muthmir*，第 253 页。也可参见《马木鲁克时期埃及的海上贸易史》，高等教育及学术研究部，摩苏尔大学 University of Mosul，1975 年，第 54—55 页。

② 伊本·哈桑·阿里·本·哈桑·本·阿里·麦斯欧迪：《黄金草原》，第二卷，第三版，前引，第 18 页。

③ Liber，Climatum，auctore，Abu Ishac al-Faresi al-Isthachri，E codice Gothane. Editor Dr. J. H. Moeller，Gothae，1839，p. 15.

里贝地区。”[①] 而曾在公元12世纪途径阿宜宰布的伊本·朱拜尔(Ibn Jubayr)[②] 则将它誉为“世界上最繁华的港口之一”，他提到：“那里的人来自贝扎的苏丹人部落，他们有自己的统治者，住在邻近的山区里。”[③]《文苑观止》（*Nihāyah al-Arab fī Funūn al-Adab*）一书的作者艾哈迈德·努韦里（A ḥ mad al-Nuwayri）则说：“阿宜宰布是贝扎的港口。”[④] 曾于公元1325年到过阿宜宰布的伊本·白图泰提到，那里的居民是贝扎的黑人部落，“城的三分之一归纳绥尔素丹，三分之一归卜扎王，该王叫海德赖比（al-Ḥadrabī）”。[⑤⑥]

苏丹卡里米家族与中国的贸易开展得如火如荼的时期正值马木鲁克王朝在埃及统治之际，阿宜宰布在大多数时期都隶属埃及管辖，希贾兹和红海西岸直至阿宜宰布的地方都是马木鲁克王朝的统治范围，出于对与阿宜宰布竞争的担忧，马木鲁克的拜伯尔斯（Baybars）[⑦] 还将苏丹的萨瓦金港口纳入埃及的统

---

① Ghars al-Dīn Khalīl ibn Shāhīn Ẓāḥir, *Zubdat Kashf al-Mamālik wa-Bayān al-Ṭuruq wa-al-Masālik*，巴黎大众出版社，1893年，第25页。

② 伊本·朱拜尔（1145—1217年），阿拉伯地理学家，旅行家，探险家、诗人，著有《伊本·朱拜尔游记》*Ri ḥ lah Ibn Jubayr*。——译者注。

③ Ibn Jubayr, *Riḥlah Ibn Jubayr*, Beirut Dār Ṣādir for Publishing and Printing, 1959, pp. 44, 45.（阿文版）

④ 艾哈迈德·努韦里：《文苑观止》，第一卷，开罗，出版日期不明，第243页。

⑤ 译文引自《伊本·白图泰游记》，马金鹏译，宁夏人民出版社，1985年版，第51页。“卜扎”即贝扎，皆为同音异译。—译者注。

⑥《伊本·白图泰游记》，原名《异域奇胜游览》，第二卷，艾哈迈德·阿瓦米雷·贝克及穆罕默德·艾哈迈德·扎代·毛俩·贝克校对，第二卷，开罗：阿米利亚（al-Amīrīyah）出版社，1933年，参见第二部分关于阿宜宰布的段落。（阿文版）

⑦ 拜伯尔斯（约1223—1277年，1260—1277年在位），埃及马木鲁克王朝第四任素丹，著名军事家和政治家。——译者注。

治范围。[1] 阿宜宰布在萨拉丁·艾尤布（Ṣalāh al-Dinal-Ayūbī）统治时期（公元 1168—1193 年）属于埃及管辖，在艾尤布王朝统治结束的 1252 年之前，它也一直是埃及的辖地。[2] 也许正因为此，才会使一些学者产生了混淆，将卡里米家族或阿宜宰布认为是为埃及所有。尽管对这个家族的由来争议不断，但可以肯定的是，这个家族几十年来一直致力于增进苏丹与中国的贸易关系，在鼓励苏丹的对外贸易中发挥了重要作用，同时也巩固了阿宜宰布作为古代红海最重要的苏丹港口的地位。

在远渡重洋前往中国的路上，卡里米家族并不是独行者，中国的古籍中记载了许多曾经到过苏丹东部海港，特别是阿宜宰布港的旅行者及航海家的事迹，《岛夷志略》的作者汪大渊曾两次从广州出发游历，第一次在公元 1328—1333 年，第二次在公元 1339—1434 年，根据中国典籍的记载，由于卡里米家族在红海和印度洋的贸易活动，这个时期红海和远东的贸易极为繁荣。[3]

在中国古籍记载中，汪大渊在第二次游历中曾到过阿宜宰布，约公元 1335 年，他从中国出发抵达亚丁（Aden），然后又乘坐阿拉伯船只前往麦加，此后他到达阿宜宰布，并在前往埃及途中到过哈拉伊布。他在书中写道，他从阿宜宰布出发到加纳。沈福伟认为，加纳与达尔富尔（Dārfūr）及阿斯旺（Aswān）而来的商旅驼队保持着联系。[4] 中国的穆斯林航海家

---

① 优素福·法迪勒·哈桑：《苏丹、非洲、阿拉伯历史研究》，第二卷，《自古代至公元十一世纪关于红海的冲突》，喀土穆大学出版社，1989 年，第 179 页。（阿文版）

② 《伊斯兰世界图史》，第 302 页。

③ 沈福伟，前引，第 180—187 页。

④ 同上。

郑和曾七下西洋，这对当时的航海史产生了重大影响。郑和对阿宜宰布十分熟悉，他在其 1413 年 12 月—1415 年的第四次航海中到了阿宜宰布，并从那里启航到了摩加迪沙（Mogadishu）港口，抵达坦噶尼喀湖（Tanganyika）岸边，接着又到了莫桑比克。[①]

阿宜宰布并非苏丹东部与中国保持贸易往来的唯一港口，另一个古代港口——萨瓦金[②]也十分重要。这个港口究竟建于何时无人知晓，它在公元前 3000 年的第六法老王朝时便已经为人所知，当时古代埃及航海家开拓到红海的道路，他们抵达了庞特（Punt），也到过萨瓦金。[③]

根据 J. F. E. Blos 教授所述，埃及托勒密王朝时将这个地方称为涨潮退潮最美的港口。[④] 托勒密王朝的统治者们在罗马人之后统治了这个地区，为了增加与印度和中国的贸易，他们占领了萨瓦金 。[⑤] 这意味着罗马人利用这个港口与中国通商，也许这正可以解释他们为何急于占领这个港口。在萨瓦金经济繁荣的鼎盛时期，它与阿拉伯半岛、埃塞俄比亚、斯里兰卡、中国、印度之间的贸易往来均非常频繁，而这些地方同时也是萨瓦金的航海家们常去的地方。[⑥] J. F. E. Bloss 教授说道："萨瓦金并非苏丹最古老的港口，但在其鼎盛时期确是最有名的，当时它与

---

① 沈福伟，前引，第 188—189 页。

② 萨瓦金 Swakin 或 Suakin 在苏丹港以南五十公里处。参见萨拉赫·欧麦尔·萨迪克：《苏丹的伊斯兰遗迹现状》，同上。

③ Hamid A. Hamadi, *Sawaking The Port of Good Tidings*, published by Ministry of Culture and Information, Khartoum, al-Gurashi Advertising and Priting Corporation, p. 4.

④ 同上。

⑤ 同上。

⑥ 同上，第 3 页。

阿拉伯、埃塞俄比亚、埃及、印度和中国之间的贸易往来十分繁荣。”① 苏丹历史学家穆罕默德·苏莱曼·萨利赫·代拉尔（Muḥammad Sulaymān Ṣāliḥ Ḍarār）认为，萨瓦金与印度及远东的往来早就为人所知。他提到，早在1422年，就有一艘印度的船从加尔各答驶来，与萨瓦金通商。②

可以肯定，考古学家们在萨瓦金港口发现的中国不同朝代的瓷器就是中国与苏丹在这里进行通商的实证。③

约于公元1428年，在马木鲁克王朝某个将领损毁了阿宜宰布港口后，萨瓦金开始繁荣起来，朝觐和货物往来在这里开始复苏，在这个时期，商人们从印度、锡兰、远东，甚至中国纷至沓来。④ 公元1453年，君士坦丁堡政权倒台、奥斯曼土耳其帝国崛起后，萨瓦金仍然在与中国通商，当时埃及的影响逐渐减弱，在红海的贸易也慢慢衰退，只有萨瓦金和吉达依然迎来来自印度和中国的商船。⑤ 尽管在奥斯曼土耳其时期，红海的贸易影响减弱，而且萨瓦金及马萨瓦（Massawa）也为土耳其人所控制，但萨瓦金和马萨瓦与中国的联系并未中断，印度商人仍然将这两地的货物，如金砂、象牙、犀牛角、树胶、珍珠、玳瑁运往中国，并在那里以等重的黄金进行出售。⑥

苏丹与中国往来的证据并非只局限于在阿宜宰布及萨瓦金

---

① J. F. E. Bloss, *The Story of Suakin*, Part 1. The Pre-Turkish Era, Sudan Notes and Records, Volume XIX, 1936.

② Gaafar K. Ahmed, *The Relations Between Sudan and China: From The Pre-Islamic Era Until the 19th Century With Special Focus on The Relations During Tang and Song Dynasties in China*, Dirasat Ifriqiyya, African University, Khartoum, Issue No. 18, Jan. 1998, pp. 14 – 15.

③ 同上，第14页。

④ J. F. E. Bloss, *The Story of Suakin*, Part 1, p. 283.

⑤ 同上，第285页。

⑥ 同上，第293页。

地区发现的古迹，考古学家们在努比亚地区也发现了中国宋朝的青瓷。① 此外，他们还在苏丹西部发现了中国的丝绸布料。为何此地会出现中国的丝绸布料？考古学家认为有两个原因：其一，这些丝绸是从中国运往苏丹的；其二，苏丹人已经开始自己制造丝绸。②

最近，在丰吉苏丹国（Al-Salṭanah al-Zarqā‘）统治时期（公元1504—1821年）的首都森纳尔（Sennār）也发现了几千片中国的彩色（画有白色、青色花草的）瓷器碎片，由此可以证明，丰吉苏丹国也通过萨瓦金等港口与中国通商，众所周知，中国的瓷器是森纳尔的王公贵族们梦寐以求的奇珍。③

在森纳尔发现的瓷器肯定了苏丹历史学家们的说法，他们认为以森纳尔为都的丰吉苏丹国通过萨瓦金与远东及印度通商，商人们带着苏丹的物产如象牙、黄金等出海，满载东方的物产而归，而这一行大约需要两年时间。森纳尔本身就是重要的贸易中心，印度、埃塞俄比亚、埃及的商队们在这里云集，以人口稠密程度而言，它的地位仅次于埃及。④ 自卡里米家族通过红海的港口前往中国后，到中国的海路早已为人所知，丰吉苏丹国的商人们或是继续取道印度抵达中国，或是沿着卡里米家族开辟的道路直接前往中国。苏丹与中国关系久远的证据还远远不止在阿宜宰布发现的遗迹，考古学家们在苏丹的很多地方都发现了中国的瓷器，其中就有苏丹东部港口巴迪，菲利普·斯诺曾经指出这有可能是杜环到过那里的证据。⑤ 在

---

① Mi-Kami Tsugio, Chinese Porcelain Discovered in Egypt, p. 194.

② 同上。

③ Al Sudan Al Hadeeth Newspaper, Khartoum, Issue No. 1465, January, 18, 1994.

④ Mekki Shibeka, op. cit., pp. 77 – 80.

⑤ 笔者对哈基姆教授的采访，前引。

辛卡特（Sinkat）附近苏丹东部的重要贸易中心，考古学家们同样发现了许多瓷器。[①] 此外，在喀土穆附近的索巴（Soba）、苏丹西部的法希尔（Al-Fāshir）也发现了大量中国瓷器。[②]

第四节　中国太平天国运动与苏丹马赫迪运动之间的关系

尽管苏丹与中国商贸往来频繁，但在公元15世纪，这一切戛然而止。欧洲野心勃勃，试图控制古代世界的贸易和交流的门户。西方的坚船利炮牢牢地控制了红海、印度洋的门户，阻碍了和平的贸易、文化交流，也因此搅乱了人民的平静生活。然而历史出现了惊人的巧合，苏丹爆发的马赫迪革命（公元1881年—1899年）为中国爆发的太平天国运动（公元1851—1866年）的殉难者复了仇，1885年1月26日，查尔斯·戈登在马赫迪革命中命丧苏丹。戈登对宗教有着异常癖好、自信具有可以影响异族的神奇力量，他曾经于11年前镇压了太平天国运动，这次他又被派往苏丹，并于1877年—1880年担任苏丹的长官。此后，他被召回英国，但在1884年1月26日，他再次回到苏丹，奉命镇压这场牧民和农民的革命，即马赫迪革命。戈登之所以被委任，就是源于他血腥镇压中国太平天国运动的经历，英国当局因此称其为“中国的戈登”。[③] 然而这次的情况却不一样，马赫迪革命已经取得了针对英埃联军[④]的几次重大胜

---

① 笔者对哈基姆教授的采访，前引。

② 同上。

③ A. Egomont Hake, *Gordon in China and Sudan*, Darf Publishers Limited, London, second edition, 1987, p. 218. 也可参见Mekki Shibeka, op. cit., p. 310.

④ 当时的埃及处于英国的统治管辖下。

利，并成功包围了首都几个月，在对首都发起的最后攻击中，他们占领了首都，并杀死了戈登，也因此得到了清政府（1643—1912年）在其担任军队长官血腥镇压太平天国而受赏的黄马褂，当年对太平天国运动的镇压中，他率领的军队正是主力。[①] 这件黄马褂至今仍被保存在喀土穆的马赫迪政权最后的标志——哈里发宫殿的博物馆里，这既是对胜利推翻暴虐统治的纪念，也是对清政府背弃中国人民的历史见证。

如果将两次革命加以对比，便不难发现马赫迪革命与太平天国运动在爆发背景、过程、动机方面存在不少相似之处。两次革命的精神领袖，即穆罕默德·艾哈迈德·马赫迪与洪秀全都是宗教领袖，前者深受伊斯兰教影响，后者则深受基督教影响。后者以基督教中反对压迫和腐败的革命性的一面为口号，号召建立一个更好更公正的社会，驱逐外国列强，让中国人自己当家，洪秀全还实施了均田地的政策，这些都在他于南京建立的太平天国都城的社会、经济、文化制度中得到了清晰体现。[②]

宗教是洪秀全及其军队的主要动力，军队无论去往何处，佛教的寺庙、雕像均被掩埋或毁坏。[③] 同时，他也注重在其追随者中传播其为了上帝和国家均贫富、勇于牺牲的思想。[④]

马赫迪革命在太平天国运动结束的15年后爆发，这场革命带有宗教及爱国主义性质，并以伊斯兰教中为了反抗侵略、腐败、压迫及外国霸权而战斗的革命价值为基石，其精神领袖穆罕默德·艾哈迈德·马赫迪伊玛目是一个虔诚信主的人，其追随者也

---

① A. Egomont Hake, *Gordon in China and Sudan*, op. cit., p. 112.

② Youwen Jian, *The Tai Ping Revolutionary Movement*, New Haven and London, Yale University Press, 1973, pp. 22, 27, 28.

③ 《中国近代史》（阿文版），太平天国，外文出版社，1977年版，第27页。

④ 同上，第22、69页。

无不如此，马赫迪伊玛目设立了土地法律，这与洪秀全颁布的土地法在精神上非常相似。[①] 这两位领袖都十分重视教育其军队，并制定了严格的法令，以实现军队与当地老百姓的友好共处，而且他们都采用了相同的策略，即从农村开始革命，逐渐攻陷城市，最后直达首都，以此来解放整个国家，同样，在两次革命中，也都有些基督教徒和穆斯林学者反对革命，走向了人民的对立面。尽管存在这些相似之处，但中国仍有其特殊背景，世界帝国主义列强和清政府勾结，使太平天国运动遭受失败，苏丹的马赫迪革命却由于其客观环境而实现了 19 世纪时期第三世界的第一次胜利，该革命挫败了英国的军事机器，并于 1885—1889 年间建立了独立自主的苏丹国，此后外国军队再次入侵，打败了苏丹，终结了马赫迪建立的王国。[②]

第五节　19 世纪及 20 世纪初苏丹与中国的贸易活动——苏丹商人穆罕默德·哈只·阿里的贡献

在恩图曼（'Umm Durmān）[③] 附近的乌姆德贝卡拉特（Umm Debekrāt）之役战胜了苏丹之后，英国殖民者对苏丹加紧了控制，

① 加法尔·卡拉尔·艾哈迈德，《马赫迪革命的经济及社会思想》，亚非研究课程，由穆哈辛·哈只·萨菲 Muāsin Ḥāj al-Ṣāfī 教授负责，1986 年 11 月，亚非研究所。马赫迪革命中的土地制度的详细资料也可参见穆罕默德·艾布·萨利姆（Mu ḥ ammad Abu Salīm）关于马赫迪及其土地所有权的相关研究。

② Youwen Jian, *The Tai Ping Revolutionary Movement*, pp. 22 – 28，也可参见 Mekki Shibeka, op. cit. , pp. 93, 113, 192.

③ 又译为乌姆杜尔曼，苏丹名城。在白尼罗河左岸同青尼罗河汇合处。1885—1898 年马赫迪国的首都，1898 年毁于英国侵略战争，现为经济、贸易和交通中心。——译者注。

这个还在舔舐伤口、为殉难者哭泣的国家再次沦陷在英国统治下。英国统治者的魔爪渐渐伸向了苏丹东部的港口，特别是直到马赫迪统治时期还继续和远东保持联系的萨瓦金，并试图将其与印度的贸易联系在一起。苏丹学者哈米德·艾哈迈德·哈姆达尼注意到，1869 年苏伊士运河开通之后，红海俨然成了前往东方最快捷的道路，在这种形势下，萨瓦金的重要性便日益凸显，他还提到，从 1869 年开始，萨瓦金就从印度和中国进口了大米、丝绸衣服和香料。① 由此可以肯定的是，在 1869 年时，苏丹与中国仍然保持贸易往来。在英国占领苏丹期间，萨瓦金也可能与远东一直保持着这种联系。虽然没有令人信服的证据可以证明这一点，但也不排除萨瓦金于殖民统治期间被利用，以增进与中国及中国香港之间的联系。英国人十分重视他们在殖民地，例如印度和香港（直至 1997 年之前，香港一直处于英国管辖）的贸易。

G. W. Murrey 在他关于埃及的调查研究报告中指出，哈拉伊布的捕鱼者在古代，甚至直至 19 世纪都曾搜集海参，并通过萨瓦金运往中国。② 直至 20 世纪 30 年代，这个港口一直在与远东的贸易中发挥着重要作用。这一时期的中国与苏丹交流史中值得注意的是苏丹商人穆罕默德·哈只·阿里，他以往来埃及与希贾兹的商旅活动而闻名。相对稳定的海上经商让他获益良多，并使他下定决心与中国建立稳固的贸易联系。19 世纪末，他选择了当时商贸活动十分活跃的国际港口广州为其建立长期贸易的据点，并成立了第一个苏丹驻中国的贸易办事处。他的家族志里记载，除了与中国保持长期的贸易关系外，他也同时在亚

---

① Hamid A. Hamadi, *Sawakin The Port of Good Tiding*, op. cit. , p. 3.

② G. W. Murray, Geog. J. LXV111 (1926) Survey of Egypt (ALDHAB), pp. 235 – 240.

洲的其他国家经商，在选择广州为其据点前，他曾多次短期来此考察。据家族志记载，穆罕默德·哈只取道萨瓦金来到中国，他的后人们听祖父辈提到，穆罕默德·哈只当年的办事处和住所就在清真大寺附近，[①] 现代苏丹的第一个贸易办事处在怀圣寺附近，位于广州老城的光塔街 56 号。这种说法完全合理，因为中国历史典籍中指出，外国人，特别是阿拉伯、波斯商人及穆斯林的商铺及居住地都在这个地方，唐、宋、元的文献里也都指出这里就是专门开辟给外国人经商和居住的。[②]

毫无疑问，这个地区此后就保留了这样的特点。穆罕默德·哈只选择居住在清真大寺旁附近以便履行其宗教义务，或许是因为那里是中国穆斯林集中居住区，也或许是因为那里靠近当时的市中心贸易区。

穆罕默德·哈只买卖的货物包括苏丹的物产，如象牙、犀牛角以及一些海产品，如中国菜肴里的海参，此外还有树胶以及玳瑁，[③] 也许还包括一些其他物产。他将中国的丝绸、布料甚至大米贩卖至萨瓦金的市场，[④] 值得注意的是，直至 20 世纪 80 年代，捕捞者们从萨瓦金和哈拉伊布收获的海参等产品也还是从萨瓦金这个港口出发运往中国，穆罕默德·哈只当时从事的

---

① Gaafar K. Ahmed, *The Relations Between Sudan and China: From The Pre-Islamic Era Until the 19th Century With Special Focus on The Relations During Tang and Song Dynasties in China*,《元史论丛》，第 7 期，南昌，中国，1999 年。也可参见笔者对艾哈迈德·萨利赫·萨比特的采访，苏丹，柏柏尔市，1997 年 5 月 31 日。

② 如需参考古代阿拉伯商人在广州的贸易活动，请参考加法尔·卡拉尔·艾哈迈德的“自伊斯兰教出现至二十世纪初阿拉伯半岛与中国的历史关系”，载于《阿拉伯海湾及半岛研究》，科威特大学，第 92 期，第 24 年，1999 年 1 月 2 月 3 月。(阿文版)

③ 笔者对艾哈迈德·萨利赫·萨比特教授在其家中的采访，苏丹，柏柏尔市，1997 年 5 月 13 日。

④ 同上。

海参买卖当然也不例外。①

据苏丹北部柏柏尔地区穆罕默德·哈只家族口传资料表明，他们的祖先与中国关系友好，他经常会谈起他在中国的新家，在说起中国人时的语气中也满带敬意，他还经常携带礼物送给他在中国的友人和认识的人。他们曾听那位中国祖母说过，祖父与相熟的中国人关系甚佳，人们都很爱戴他。②

穆罕默德·哈只与他所在的中国社会缔结了友好的关系，这使他能更好地融入这个社会，与第一任妻子的婚姻使他成为其中一份子。他在苏丹的子孙后代谈起这位中国老祖母时，称她为安斯，然而笔者认为她的名字应为安西（An Xi），也就是“西方的平安”之意。因为广东人的粤语里 Xi 的读音与 Si 相近。这个女子是中国穆斯林。

穆罕默德·哈只又与第二位穆斯林女子结婚，她来自回族，在苏丹的子孙们称她为库姆楠（Kum Nan），但笔者认为她的中文名字应是郭楠（Guo Nan），他们的婚姻仪式按照伊斯兰教的习惯操办，同时也考虑到了中国的习俗，据老祖母安西向其子孙所述，这在当时堪称是一场盛大的婚礼。③

穆罕默德·哈只与安西生下了第一个女儿法特梅，从安西这一支繁衍了许多子孙，她的长子是艾哈迈德·萨利赫·萨比特，当笔者与他于 1997 年在苏丹北部的柏柏尔市见面时，他已经年逾七十。在谈话中他提到，这位来自中国的母亲安西早逝，而他当时正年幼，因此他已经记不清了，但他见过父亲的第二任妻子郭

---

① G. W. Murrey，Geog. J. LXV111（1926）Survey of Egypt，op. cit.，pp. 235 –240.

② 笔者对艾哈迈德·萨利赫·萨比特教授在其家中的采访，苏丹，柏柏尔市，1997 年 5 月 13 日。

③ 同上。

楠。“这个女子身材矮小，长发，脸色白净，双足很小，眼睛小而细长。”“他的母亲也很白净，还裹着一双小脚。”①

虽然与中国的贸易让他获利颇丰，虽然已经成功融入了中国社会，但穆罕默德·哈只在 10 多年后仍然决定返回苏丹。②可是他却因此触犯了中国清朝（公元 1643—1912 年）的法律，因为当时法律规定，禁止与侨民通婚的中国女子离开中国。事实上，这个法律自公元 628 年起便开始实施，《唐会要》的第一百章这样记载，唐太宗（公元 626—649 年在位）于公元 628 年颁布法律，禁止外国侨民带着他们的中国妻子离开中国。③

尽管如此，穆罕默德·哈只还是带着他的两个妻子及女儿法特梅回到了苏丹。法特梅出生在广州，当时四岁。他们选择乘船回家，④ 当时在船上的不只穆罕默德·哈只一家，还有受他邀请同往的一个中国家庭，他们是穆罕默德·哈只妻子的亲戚还是与苏丹有着贸易往来的中国朋友，这不得而知，只知道他们是回族人，据艾哈迈德·萨利赫·萨比特所述，其妻子的名字叫谢德甘，而丈夫的名字则叫萨利姆。⑤

一行人取道萨瓦金，最后到了他们在柏柏尔市的新家，这里是古代最著名的贸易中心，城市繁荣，生活惬意舒适。这些人以及当时年仅四岁的法特梅必须从气候、饮食文化、语言等各个方面去适应新环境。艾哈迈德·萨比特说道，他的祖父懂

① 笔者对艾哈迈德·萨利赫·萨比特教授在其家中的采访，苏丹，柏柏尔市，1997 年 5 月 13 日。

② 同上。

③ 加法尔·卡拉尔·艾哈迈德的“自伊斯兰教出现至二十世纪初阿拉伯半岛与中国的历史关系”，前引，第 135 页。

④ 笔者对艾哈迈德·萨利赫·萨比特教授在其家中的采访，苏丹，柏柏尔市，1997 年 5 月 13 日。

⑤ 同上。

一些中文，当时的柏柏尔人听到他对两个妻子及客人说中国话时都大为好奇，法特梅本来就会一些阿拉伯语，于是很快就学会了这种语言。这个长发小姑娘几乎没费什么力气就融入了她的新家乡，[①] 其他家庭成员也很快适应了苏丹的新生活，并融入了当地社会。他们不管到哪里，都受到人们的热情款待，于是他们也很快就学会了苏丹方言，成为柏柏尔社会中的一份子。[②]

此后，穆罕默德·哈只让他的女儿和儿子都与苏丹人通婚，来自中国的萨利姆和他的妻子生了一个女儿，名叫阿瓦德。正由于此，苏丹北部的这个平静小城——柏柏尔市才有了这样一个来自中国南部广州的中国家庭，他们的后代里还有一些子孙保留有中国人的面部特征，艾哈迈德·萨比特谈到，他姨妈的子女就有很明显的中国人面部特征。[③]

安西夫人和法特梅的子孙们现在从事教师和医生的职业，正为苏丹的发展做出自己的贡献。他们的相貌融合了苏丹人和中国人的特征，这正是苏丹与中国无法割断联系的最好见证。

在1955年的万隆会议上，中国国务院总理周恩来与苏丹总理伊斯梅尔·阿扎里作为两国代表参加大会，共同参与世界反殖民的运动，但两国之间的友好关系却并非这次会议的产物，而是有着源远流长的历史：公元前，苏丹东部的港口就通过海路与远东建立了贸易往来，苏丹的物产，例如祖母绿、黄玉等自霍特普三世（Amenhotpe Ⅲ）（公元前1417年—公元前1379

① 笔者对艾哈迈德·萨利赫·萨比特教授在其家中的采访，苏丹，柏柏尔市，1997年5月13日。

② 同上。

③ 同上。

年）统治时期就已经被运往中国，一些中国学者认为西汉时期的统治者与苏丹北部的库施有联系。自大约公元10世纪起，巴迪、泊尔尼卡（阿宜宰布）、萨瓦金就对两国的往来贡献良多。在这些港口发现了大量上溯至中国几个朝代的瓷器碎片，此外在那里还发现了中国古代钱币，这些都无不证明了两国之间的贸易活动及往来至少已经绵亘千年。

苏丹马赫迪革命延续了两国自古以来的友好感情，因为在这场革命中，查尔斯·戈登被苏丹人民杀死，而中国太平天国运动中的殉难者也终能因此瞑目。即使是在马赫迪革命爆发期间以及此后的英国殖民者统治期间，中苏两国之间以萨瓦金为中转的贸易往来也从未间断。

而在19世纪末20世纪初，不得不提的重要人物就是穆罕默德·阿里·哈只，此人在两国商贸往来中举足轻重，他以其在经济、社会方面的贡献为两国的关系翻开了新的一页。他在中国开设了第一个苏丹贸易办事处，这也极有可能是苏丹在国外可开设的第一个此类机构。他与中国人通婚，主动融入当地社会，他的下一代保留了中国的血脉，他们正是两国人民在经济、社会上保持友好关系的最好见证。他向中国出口的商品直至20个世纪20年代末还一直是苏丹人民向中国的主要出口物。

苏丹和中国一直互相影响，苏丹历史学家穆罕默德·萨利赫·达拉尔指出，20世纪三四十年代反英国殖民斗争的苏丹的爱国主义运动先驱“毕业生代表大会”[①] 就深受（孙中山）博士及其在中国倡导的口号的影响，特别是那句“中国是中国人

① 苏丹民族主义组织，成立于苏丹殖民统治时期的1938年，由戈登纪念学院以及其他外国学院的毕业生组成，其政治目标是致力于使苏丹摆脱英国的殖民统治。——译者注。

的中国”的口号对他们影响至深。当时的苏丹爱国人士曾经也打出这样的旗号，即“苏丹是苏丹人的苏丹”。①

如今的阿宜宰布已然成为研究和考古的重要地点，人们在这里不仅研究中国和苏丹的贸易往来史，还研究中国中世纪的瓷器。在阿宜宰布发现的大部分瓷器还只是在地表而已，如果再进行深入挖掘，一定会有更多发现，这些发现将成为苏丹与远东，特别是中国进行友好往来的重要证据。同样，这也可以对泊尔尼卡的位置确定提供重要资料，让人们可以据此判断，这个港口究竟是否就是现在的阿宜宰布。

① 穆罕默德·萨利赫·达拉尔，《萨瓦金及红海历史》，喀土穆，苏丹出版社，1988 年第二版，第 8 页。

第二章

苏丹与中国关系:1955年4月—1969年5月

苏丹与中国的联系直至20世纪20年代都是通过萨瓦金港口作为中转，苏丹的爱国主义运动曾受20世纪30—40年代中国爱国主义运动影响。在20世纪40—50年代初，苏丹人民不仅追随中国共产党的英勇斗争之路，还在1950年6月—1953年7月的抗美援朝中支持中国，当时苏丹民间涌现了一些诗作与歌曲，鼓舞中国人民支持的北朝鲜青年坚决反抗。20世纪40—50年代初，苏丹的左派（也就是后来的苏丹共产党）在树立中国的正面形象上发挥了重要作用。1949年10月新中国建立以前，苏丹的左派知识分子一直坚持发行日报，报道中国共产党领导的解放运动。苏丹人民在20世纪40年代，就听闻过毛泽东撰写的革命文章。然而不管是苏丹人民，还是亚非大多数国家的人民以及中国人民，亚非人民之间一直到1955年4月的万隆会议才真正开始重新进行和平的文明交往。

第一节 苏丹与中国关系：1955 年 4 月—1958 年 11 月

在万隆会议上，在中国与非洲及阿拉伯国家会晤期间，时任中国国务院总理的周恩来与决定苏丹命运的过渡时期政府总理伊斯梅尔·阿扎里第一次见面了。[①] 苏丹政治家阿兹丁·塞伊迪指出，当时的苏丹还并未获得独立，但其代表团与中国代表团甫一接触，就萌生了友谊。据阿兹丁·塞伊迪所说，在这次会议上，中方对苏丹表示了极大的支持，例如，在会谈中，周恩来总理建议苏丹代表团在会议桌上摆放苏丹的国旗以示苏丹代表团的席位，然则伊斯梅尔·阿扎里只能拿出一块白布来代表苏丹的国旗，周恩来立刻对此表示支持，将此视为对苏丹国的象征。[②] 阿兹丁还说道，周恩来十分重视与苏丹代表团的会晤，他听取了代表团对苏丹形势的介绍，同时也表示会重视增进苏丹爱国主义运动与中国共产党的合作关系。[③]

不仅苏丹代表团对中国支持苏丹获取国家主权、建立独立自由国家的热情感到惊讶，其他的阿拉伯及非洲领导人也同样如此，他们提出的问题都得到了中国毫无保留的支持，例如，巴勒斯坦问题、反对在阿拉伯马格里布地区外国势力的问题以

---

① R. S. Chavan China foreign policy, The Chou Enlai era, stering published, New Delhi, 1979, p. 189. 也可参见中央电视台一套，1992 年 1 月 8 日周五晚，关于已故中国总理生平介绍的纪录片。

② 作者与苏丹前政治家阿兹丁·塞伊迪在中阿友好协会会议期间的谈话，喀土穆，2006 年 11 月 29 日。

③ 同上。

及支持非洲独立运动等问题。[①]

这个历史性的会议结束一年不到，中国就承认苏丹独立，并宣布时刻准备支持这个新国家的独立事业，[②] 虽然苏丹在 1956 年 1 月 1 日就取得了国家的自决权，但第一任政府却没有得到中国的承认，两国直至 1959 年 2 月才建立外交关系。尽管之前两国之间没有建立外交关系，但两国之间的经贸往来及友好关系却在 1955 年就开始了。

据中国方面的数据记载，两国之间的贸易往来始于 1955 年，以自由货币的形式交付，虽然数量很小，但仍然值得在两国交流的史册中记下一笔。就在这一年，苏丹向中国出口了大约价值 301 万美元的棉花，中国则未向苏丹出口任何商品。[③]

万隆会议的后一年，即 1956 年 4 月，根据万隆会议上关于为了增进亚非国家之间的经贸合作的建议，中国代表团出访苏丹，讨论了发展两国贸易合作的有关问题，并同意购买苏丹物产，例如棉花、阿拉伯树胶等。[④]

中方代表团表达了与苏丹签订贸易协定以及款项支付的意愿，然而当时的苏丹领导者却以坚持贸易自由政策以及未将其纳入双边协定为理由拒绝了中方的提议，因此双方当时只是就扩展两国的贸易往来交换了意见。[⑤] 事实上，苏丹拒绝签署两国

---

① 参见中国在万隆会议对阿拉伯及非洲问题的支持，加法尔·卡拉尔·艾哈迈德，以苏丹为例探讨 1949 年—1995 年的阿中关系，未发表的博士论文，南京大学，中华人民共和国，1996 年。

② Tareq Y. Ismael, International relation of contemporary Middle-East, op. cit. p. 202.

③ Almanac of China, 1984, p. 869.

④ 《北京周报》，1958 年 10 月 7 日，第一卷，第 32 期，第 20 页。

⑤ 1970 年 6 月 20 日—27 日苏丹友好代表团出访中国期间，苏丹贸易部档案，题为《苏丹与中国人民共和国的贸易》。

的贸易合作协议的原因在于苏丹与西方市场的紧密关系及其对自由市场经济的坚持。然而新的经济发展迫使苏丹必须在中华人民共和国开拓市场，当新独立的亚洲国家的棉纺织业以其物美价廉的优势取得复兴后，苏丹在英国兰开夏（Lancashire）纺织厂的传统棉花市场却开始萎缩，这促使苏丹财政部意识到开拓新市场的必要性。1957 年 12 月，财政部派代表团出访中国，试图为苏丹支柱产业——棉花业打开新的局面。1957 年 12 月末，苏丹代表团抵达北京，代表团成员包括经贸部代表曼苏尔·马哈古卜，贸易工业部代表易卜拉欣·奥斯曼·伊斯哈格、阿卜杜·哈菲兹·阿卜杜·穆恩艾姆、阿卜杜·萨拉姆·艾布·阿拉以及侯赛因·巴里勒谢赫，外交部代表、苏丹驻印度大使拉赫马拉·阿卜杜拉。①

虽然苏丹和中国尚未建立外交关系，但代表团仍然受到了中国领导人的热情款待，中国总理周恩来在与代表团会谈见面时，呼吁深化两国关系并将其推向前进，他还表示，希望此次苏丹朋友的来访能将两国关系推向前进，② 他指出，中方希望能在两国之间建立外交关系。1958 年 1 月 9 日，两国政府就会谈同时发布联合声明，表示双方愿意为推进双边贸易关系提供一切便利，声明还指出，中方近些年来已经从苏丹进口了棉花、阿拉伯树胶，并且也相应出口了 20 余种商品，包括棉质衣物、丝绸、文具、建筑材料等。③

此次访问促成了中国对外出口相关部门与苏丹棉花贸易有限公司于 1958 年 10 月签署了一个协议，为双方价值 100 万英

---

① 笔者对 1957 年 9 月访华的苏丹贸易部代表团团长曼苏尔·马哈古卜的采访，喀土穆，1994 年 1 月 12 日。

② 同上。

③ 《北京周报》，1958 年 10 月 7 日，第一卷，第 32 期。

镑的贸易做规划。苏丹据此将向中国出口棉花，而中国也将向苏丹出口棉质衣物、丝绸、胶鞋、糖、钢制品、化学品以及其他商品。[①]

为打破西方在非洲市场的独霸局面以进入当地市场，中国表现得十分积极。然而在 20 世纪 50 年代末期 60 年代初期，中国却遭到了强硬的抵制，原因就在于西方势力竭尽全力试图阻止中国对非洲的政治或贸易产生影响。[②]

自 20 世纪 50 年代以来，尽管西方掌控了非洲贸易的门户，但苏丹、尼日利亚、埃及和摩洛哥却毅然决定向中国商品敞开大门，苏丹在当时（即 50 年代末 60 年代初）是中国商品在非洲的四大市场之一。[③]

两国建立外交关系之前，双方的政治及文化关系的发展史上也留下了许多佳话，例如，1956 年 1 月 1 日苏丹宣布独立时，中国对此表示热烈欢迎，立刻承认这个新国家，并高度赞扬经过艰苦卓绝斗争取得国家独立的苏丹人民。《人民日报》专门撰写社论祝贺苏丹人民取得独立，作为中国共产党中央委员会的喉舌，报纸在社论中表示，中国为苏丹人民及其他战斗着的民族所获取的胜利而欢欣鼓舞，并表示，苏丹和埃及人民已经获取了独立，阿尔及利亚、摩洛哥、突尼斯、肯尼亚、罗得西亚[④]以及非洲的其他国家已经觉醒，并以其英勇斗争撼动了全世界

---

① 《北京周报》，1958 年 10 月 7 日，第一卷，第 32 期。

② 1958 年—1971 年中国在非洲的政策，Ogunsanwo，op. cit.，p. 22。

③ 同上。

④ 罗得西亚是位于南部非洲的英国殖民地，于 1965 年 11 月 11 日单方面宣布独立后取名为罗得西亚，沿用至 1979 年 5 月 31 日；布什战争结束后，新任首相埃布尔·穆佐雷瓦在 1979 年 6 月 1 日更改国名为津巴布韦罗德西亚。1980 年 4 月 18 日再更名为津巴布韦，沿用至今。——译者注。

的殖民压迫。[①]

1956 年 1 月，苏丹获取独立后不久，中苏两国之间开始了文化交流。1956 年 4 月，中国文化代表团出访苏丹，同年，中国青年代表团出访苏丹。[②]

1956 年 5 月，苏丹文化代表团出访中国，同年 9 月，苏丹独立后的第一个妇女代表团出访中国，代表团成员包括杜莱·穆罕默德·哈桑以及赫底澈·索福娃。[③] 该代表团的某些成员出自左派，对中国共产党支持苏丹人民斗争以及苏丹独立的举措，他们表示感谢。[④]

1956 年年中，苏丹国会代表团出访中国。值得一提的是，苏丹的文化代表团积极出访中国，1956 年，就有代表团到过中国，苏丹工会联合会代表团也来过中国，其成员包括著名的工人代表斯纳达·萨瓦基、卡林·哈勒法拉·欧麦尔，但遗憾的是他们乘坐的飞机在前往中国的途中失事了。[⑤]

1957 年，苏丹的民间代表团在他们第一次出访亚洲时便访问了中国。[⑥] 作为回访，中国体育代表团即天津足球队于 1958 年 3 月 3 日访问了喀土穆，并与苏丹球队进行了多次比赛。[⑦] 苏丹共产党的多个代表团以及青年、妇女组织代表也都在此

---

① China and Africa，1949 – 1970，Bruce A. Larkin，op. cit.，p. 23.

② Behbahani，pp. 329 – 339. 也可参见 Bruce Lackin，China and Afica，op. cit.，p. 29。

③ Behbahani，p. 329. 也可参见苏丹代表团访华新闻及图片档案，1956 年 9 月 26 日，12724 号新闻及图片，新华社档案。

④ 笔者与苏丹共产党中央委员会委员塔基·希尔·奥斯曼的对话，2009 年 1 月 9 日。

⑤ 同上。

⑥ 卡塔尔《阿拉伯报》，第 6482 期，1994 年 9 月 5 日，第 8 页。

⑦ 苏丹代表团访华新闻及图片档案，1958 年 3 月 3 日 164990 号新闻及图片，新华社档案。

期间频繁访问中国，苏丹共产党与中国共产党保持着组织联系，在地区以及国际范围内，两国共产党之间还存在着协调关系。①

第二节 苏丹与中国关系：1958 年 11 月—1964 年 10 月末

直至 1958 年 11 月之前，双方的关系并没有实现进一步的发展。当时，由法里格·易卜拉欣·阿布德率领的军队高官利用第一届国家政府两大党派之间的冲突以及反对党与执政党之间的斗争夺取了政权，1958 年 11 月 29 日，新政府的外交部长在喀土穆发表了关于新政府外交政策的声明，声明指出“苏丹革命政府以万隆会议的建议为依据，决定从现在开始承认有六亿人口的中华人民共和国”，并表示苏丹将尽最大努力，与中华人民共和国巩固友好关系。②

该声明指出，苏丹将严格按照万隆会议的建议与原则，并将坚持不懈，致力于在世界范围内实现这些建议与原则。③

《人民日报》援引了这份声明。声明指出，苏丹外交政策的目标在于支持在阿尔及利亚及喀麦隆的非洲、阿拉伯的解放运动，致力于推进世界和平，反对进行军备竞赛及核竞赛，在不干涉国家主权的前提下，欢迎外商注资苏丹以及国际企业向苏

---

① 笔者与苏丹共产党中央委员会委员塔基·希尔·奥斯曼的对话，2009 年 1 月 9 日。也可参见苏丹代表团访华新闻及图片档案，1057 年 10 月 8 日，154669 号新闻及图片，新华社档案。

② 《人民日报》，1958 年 2 月 12 日，题为“苏丹政府对中国新政府的外交政策表示关心”，第 5 版。

③ 同上。

丹提供贷款。[1] 1958 年 11 月 30 日，苏丹武装部队最高委员会主席法里格·易卜拉欣·阿布德向中国国家主席毛泽东发去电报，表示苏丹承认中华人民共和国，并呼吁增进两国及人民之间的关系。[2] 同一天，苏丹外交部部长艾哈迈德·赫尔也向中国外交部部长陈毅发去电报，转达了苏丹政府承认中华人民共和国的决定。[3]

1958 年 12 月 1 日，中国国家主席毛泽东回复苏丹武装部队最高委员会主席法里格·易卜拉欣·阿布德的电报，对苏丹承认中华人民共和国表示欣慰，并指出，苏丹对中国的承认将增进苏丹与中国的友谊。[4] 中国外交部部长陈毅也向苏丹外交部部长艾哈迈德·赫尔回电，表示了中国政府建立两国外交关系的意愿。[5]

1958 年 12 月 2 日，《人民日报》发表了题为《祝贺中国与苏丹建立外交关系》的社论，认为苏丹对中华人民共和国的承认是中国苏丹关系史上的重要事件。社论说道：“中国与苏丹共同参加了万隆会议，两国代表团在会议期间共同谴责殖民主义，支持万隆会议提出的十条原则。”“如今，两国已经正式建立外交关系”，社论还提到，经过艰苦斗争后，苏丹于 1956 年 1 月 1 日获取自由与独立，在独立后，苏丹立刻着手展开两国之间的文化、贸易、体育代表团的互访，还特别派遣了和平委员会前往中国考察。[6]

---

① 《人民日报》，1958 年 2 月 12 日，题为“苏丹政府对中国新政府的外交政策表示关心”，第 5 版。

② 新华社，1958 年 12 月 1 日，也可参见《人民日报》，1958 年 12 月 2 日。

③ 同上。

④ 《人民日报》，1958 年 12 月 2 日，也可参见新华社报道，1958 年 12 月 2 日。

⑤ 同上。

⑥ 同上。

社论也提到，“苏丹与中国之间建立正式外交关系将为发展中国与苏丹的友谊开辟更为广阔的前景”，中国人民支持苏丹人民，也支持所有旨在发展友好合作关系的阿拉伯及亚洲国家。①

社论文章明确指出，两国已经就建立关系正式达成一致。虽然直至 1959 年 2 月 4 日，此事才被正式宣布，然而中国驻阿拉伯埃及共和国大使陈家康却早在 1958 年 12 月 18 日—25 日就对苏丹进行了访问，在官方正式宣布建交之前的此次访问似乎是双方最近的一次接触。苏丹武装部队最高委员会主席法里格·易卜拉欣·阿布德以及国家总理接见了代表团一行，外交部部长艾哈迈德·赫尔与代表团就双方的外交、贸易关系进行了会谈。陈家康先生参观了穆罕默德·艾哈迈德·马赫迪的陵墓，并要求参观了戈登被苏丹人民处决之处，对中国大使的这次参观，《北京周报》在发表评论时提到，这个英国殖民主义的象征人物终于被马赫迪的士兵们杀死，他压迫苏丹与中国人民、镇压中国伟大的太平天国革命运动，现在他终于得到了其应有的下场。②

1959 年 2 月 4 日苏丹与中国正式宣布建立大使级外交关系。③

1959 年 2 月，继埃及、摩洛哥与阿尔及利亚之后，苏丹成为非洲第四个、也是社会主义阵营之外第二十个正式宣布与中华人民共和国建立外交关系的国家。④ 中国第一任驻苏丹大使王田雨于 5 个月后，即 1959 年 7 月抵达苏丹首都为发展两国新关

---

① 《人民日报》，1958 年 12 月 2 日，也可参见新华社报道，1958 年 12 月 2 日。
② 《北京周报》，1969 年 1 月 6 日，第 2 卷，第 1 期，第 30 页。
③ 《中国对外关系·大事年鉴》，前引，第 364 页。
④ 《当代中国外交政策》，前引，第 584—586 页。

系而履职。[①] 当时与王大使随行的还有一名带有苏丹口音且阿拉伯语十分流利的翻译。[②]

苏丹政府承认中华人民共和国并与其建立外交关系之迅速令许多地区或国际政治观察家大跌眼镜，或许中国自己也为苏丹此举大为惊讶，因为在促成苏丹承认中国问题上，中国并未像对其他国家那样付出很大努力，而且苏丹原本深受英国影响，此次却能主动承认中华人民共和国并积极与其建立外交关系。英美两国给苏丹提供了大量援助，也借此希望对苏丹施加压力，使其终止继续向中国靠拢的行为，然而已经宣布独立的苏丹并不会因此而有所偏私，苏丹正想借此机会向西方表明，苏丹已经在事实上获得了独立，并主动承认中华人民共和国。中华人民共和国对阿尔及利亚事件的表态、对 1956 年埃及阿拉伯共和国的三大敌人（英国、法国、美国）的政治立场，以及对非洲解放运动的态度，这些多重因素的合力促使苏丹与中国越走越近，更何况中国很早就开始关注苏丹，在 1956 年 1 月就承认了这个新国家的成立，并在其独立后的几个月便积极派遣文体代表团出访苏丹。此外，也正如哈桑·阿里·萨欧利所言，一方面，苏丹具有重要的地缘位置，苏丹人民是中东地区的一份子；另一方面，苏丹还是南撒哈拉的一部分，这些都是中国关注苏丹的重要因素。[③] 除了这些因素以外，苏丹承认中国还与苏丹共产党有关。当时的苏丹共产党在工会、学生及知识分子之中具有广泛影响力，也因此向政府施加了巨大的压力，促使其承认

---

① 《当代中国外交政策》，前引，第 584—586 页。

② Bruce · D · Larkin, China and Africa 1949 – 1979, op. cit. , p. 237.

③ Hassan Ali al-Sauri, Sudan Foreign Relations Conference, paper titled China and the Sudan: 1959 – 1989, Institute of Africa and Asia Studies, University of Khartoum, 10 – 13March 1995, Khartoum, p. 19.

中华人民共和国。早在苏丹获取独立以前，该党就对与中国共产党，特别是妇女、青年及工会组织建立联系表现出了极大热情。[①] 尽管易卜拉欣·阿布德政府与苏丹共产党之间存在矛盾，但该党对苏丹政府与中国发展友好往来的决定十分欢迎，认为这是正确的一步，还指出，该党对苏丹政府增进与包括中国在内的社会主义阵营的国家发展政治及贸易关系的举动表示欢迎。[②] 这次，苏丹共产党与易卜拉欣·阿布德政府难得达成了共识，因为此前苏丹共产党领导过一次声势浩大的民众运动以推翻政府。在那段日子里，苏丹发行的报纸对苏丹社会的大型重要行业与中华人民共和国建立外交关系都无不表示欢迎。[③]

对中国而言，在中国迫切需要打破西方强加的封锁和孤立局面的时候，苏丹——非洲有影响力的阿拉伯国家能积极主动地承认中华人民共和国的成立，此举的确在中国大受欢迎。中外的观察家一致认为，这对当时的中国而言无疑是中国外交事业的一大胜利和突破。

两国宣布建交一年后，双方的贸易额从 1955 年的 301 万美元增加至 1960 年的 1139 万美元，当年苏丹的出口额为 873 万美元。[④] 在两国建交的当年，几个苏丹代表团出访了中国，例如，1959 年 9 月，苏丹记者代表团与文化代表团出访中国，

---

① 阿卜杜拉·阿比德：《苏丹人在中国》，思想出版社发行，1956 年第 1 版，第 1—6 页。也可参见笔者与苏丹共产党中央委员会委员塔基·希尔·奥斯曼的对话，2009 年 1 月 9 日星期五。

② 笔者与苏丹共产党中央委员会委员塔基·希尔·奥斯曼的对话，2009 年 1 月 9 日星期五。

③ 喀土穆发行的革命报，1959 年 2 月 4—10 日的文章，苏丹文献阅览室。

④ 中国 1984 年年鉴，前引，第 869 页。

同年11月，妇女代表团出访中国。[①] 1960年5月与8月，苏丹学生代表团与贸易代表团相继访问中国。[②] 中国领导人借向苏丹庆祝独立纪念的机会，于1960年12月31日向苏丹武装部队最高委员会主席法里格·易卜拉欣·阿布德发去了周恩来总理的贺电，向苏丹独立纪念表示祝贺，同时也表明了对苏丹捍卫国家独立的支持以及对保持两国友好关系的良好祝愿。[③]

1961年1月，中国妇女代表团出访苏丹并与当地的妇女组织进行了会谈。[④] 同年9月，苏丹医疗代表团到北京访问。[⑤]

1961年2月，中国在喀土穆举办了第一届“中国经济建设成果展”的工业及经贸展览，展期为40天，展览举办了丰富活动，获得了巨大成功，共有20多万人次参观了包括轻工业、重工业及农业产品在内的4000多件展品。[⑥] 苏丹官方报《革命报》将此次展览会认为是中国人民创造成就之展览，并向苏丹证明：中国将有助于苏丹的发展。[⑦]

中国展览在苏丹举办期间受到其民众的热情欢迎，这让中国领导人十分欣慰，《北京周报》写道，苏丹港的工人们得知他们是在为喀土穆的中国展览卸载设备时都更为卖力，且十分细心谨慎地对待各项展品。据《北京周报》所述，某天夜里突然停电，停在展厅前的所有的汽车及出租车都立刻打开前车灯，

---

① Behbahani, p. 330.

② 同上，第38页。

③《北京周报》，1961年1月6日，第1期，第29页。

④ Behbahani，前引，第340页。

⑤ 同上，第331页。

⑥《北京周报》，1961年4月14日，第15期，第14页。

⑦ 同上。

为展厅照明，许多参观者还自觉维持秩序。①

苏丹民间与官方所表现的友好、在喀土穆的民众和工人们对展览的极大关注都清晰地传递着这样一个信息，那就是非洲及阿拉伯人民对中华人民共和国在阿拉伯和非洲问题上所采取的政策十分欣慰。

在 1962 年 5 月两国的贸易取得了重要进展，在苏丹贸易及工业部负责人曼苏尔·马哈古卜率棉花公司的商务代表团出访中国后，两国签署了第一个贸易协定，外贸部副部长卢绪章、国务院副总理陈毅接见了代表团并与其进行会谈。代表团访华期间，苏丹与中国以平等互利为基础，于 5 月 23 日在北京签署了苏中第一个贸易协定，协定规定，两国之间所有的贸易活动都应受到最惠国待遇。②

双方规定当年的贸易额为双方各 600 万英镑，在此次重要出访中，苏丹外交部的代表为苏丹驻印度商务参赞法鲁格·马格布勒。③ 为了使该协定顺利执行，双方一致同意成立共同委员会以便在需要时讨论协定执行过程中可能会遇到的困难，并寻求扩展双方贸易往来的新途径。中国从苏丹进口的商品共计 11 种，其中最为重要的是棉花、阿拉伯树胶、芝麻与皮革，中国向苏丹出口的商品除了日常消费品外，还包括建筑机械及材料、电讯设备及机械、工业成套设备等。④

毋庸置疑，这个重要协定为两国建立贸易往来奠定了重要的基础。该协定确定了双方可以交流的商品，并规定以英镑结

① 《北京周报》，1961 年 4 月 14 日，第 15 期，第 15 页。

② 《北京周报》，1962 年 6 月 23 日，第 25 期，第 22 页。

③ 笔者对曼苏尔·马哈古卜的采访，前引。

④ 《苏丹共和国政府与中华人民共和国政府贸易协定》全文，签署于 1962 年 5 月 23 日。也可参见 Behbahani，前引，第 356 页。

算，此次协定的签署促成了两国贸易的显著增长。

1962年底。曼苏尔·马哈古卜再次出访中国，双方对1962年5月协定的执行状况均表示十分满意。① 这一年，中国第一个工程师代表团出访苏丹，中国乒乓球队还在喀土穆进行了几场比赛。②

当中国与印度发生边境冲突时，易卜拉欣·阿布德总统对此十分关心，并于1962年10月23日向刘少奇主席发去电报，呼吁中印双方通过和谈方式和平解决边境问题。③

10月25日，刘少奇主席在给阿布德总统的回信中感谢总统对中印边境问题的关注，并希望阿布德总统能够发挥作用，促成中方在10月24日声明中的三个建议能顺利达成。苏丹政府充分听取中印双方的诉求，为两国边境冲突寻求解决之道。④

中国领导人十分重视苏丹总统易卜拉欣·阿布德的倡议，因为他们深知苏丹在亚洲及非洲举足轻重的作用。苏丹为解决中印边境问题进行了积极的外交斡旋，这也彰显了苏丹外交在亚非事务中的能力与重要性。苏丹外交部的档案指出，苏丹为实现此次争端的和平解决而付出大量努力，苏丹的外交使节向双方递交信件，⑤ 这证明了苏丹外交不仅在亚非问题，甚至在异常复杂的国际问题上也都发挥着积极作用。1961年，当伊拉克认为科威特是其不可分割的一部分、两国因此即将爆发边境冲突时，苏丹外交在阻止这次争端中发挥了重要作用。苏丹于

① 笔者对曼苏尔·马哈古卜的采访，前引。

② Behbahani，前引，第249页。

③ 《人民日报》，1962年10月27日。

④ 《人民日报》，1962年10月28日。

⑤ 笔者在撰写阿拉伯—中国关系方面的博士论文时曾以苏丹为例，笔者利用当时在苏丹外交部担任外交官之便，在苏丹外交部查阅了大量相关文件。

1961 年 9 月派兵集结于科威特及伊拉克边境，试图阻止两国军队发生摩擦。①

1962 年，苏丹与中国互派留学生，关于此事最早的记载见于一个在中国留学的非洲学生 Emmanuel John Hevis 所写的书，Bruce D. Larkin 曾引用了其书中的一些资料，提到曾有一个苏丹学生在中国学习过，并提到他曾于 1962 年回国。事实上，中国早在 1960 年 5 月起便开始接收非洲学生留学了。②③ 两国之间的贸易往来也一直得到两国政府的极大重视，1963 年 5 月，苏丹棉花公司代表团访问北京，而中国也宣布将在下一年增加从苏丹进口棉花的份额。④

一年后，也即是 1964 年，应易卜拉欣·阿布德总统的邀请，中国国务院总理周恩来于 1 月 27 日—30 日访问了苏丹，自此，苏丹与中国的友谊与合作翻开了新篇章。⑤ 随行的还有国务院副总理兼外交部部长陈毅以及时任中共中央秘书长的邓小平等官员。⑥ 周恩来总理一行在喀土穆受到了热烈欢迎，喀土穆机场铺上了红地毯，其媒体也对周恩来总理的苏丹之行进行了全程报道，《革命报》发表社论，对周总理表示热烈欢迎，认为他是现代世界上声势最浩大的革命之代表以及最古老民族之代表，苏丹官方报纸《苏丹之声》写道：“我们向周总理致敬，因为

---

① 参见加法尔·卡拉尔·艾哈迈德，“1955 年 4 月—1969 年 5 月苏丹中国关系”，苏丹现代研究论文集，Medani Mohamed M. Ahmed 编辑，Mohamed Omer Beshir's Center for Sudanese Studies 出版，恩图曼人民大学。

② 塔基·希尔·奥斯曼提到苏丹共产党曾在该时期向中国派遣留学生，笔者不能肯定上面提到的这个学生是否在苏丹共产党派遣的留学生之列。

③ Larkin Bruce，op. cit. ，p. 142.

④ Behbahani，前引，第 331 页。

⑤ 《北京周报》，1964 年 2 月 7 日，第 7 卷，第 6 期，第 331 页。

⑥ 同上。

我们尊敬其伟大人格，也尊重中国对公正的热爱。”①

1964年1月27日，在阿布德总统为周总理举行的晚宴上，周总理发表演讲时这样说道：“几十年来，在反对帝国主义的斗争中，我们两国人民同声共气，互相扶持。在中国镇压太平天国、在苏丹镇压爱国主义革命的查尔斯·乔治·戈登终于在苏丹人民手中得到了应有的下场。”②

在谈到苏丹政府对中国政府政策的看法时，周恩来强调，苏丹一贯支持中华人民共和国在联合国重获应有权利，反对帝国主义制造“两个中国”的阴谋，中国政府对此表示感谢。③阿布德总统则在讲话中提到，中国进入联合国将有助于该组织完成其维护自由与和平的使命，并且提到，如果没有中国作为一份子参与的话，禁止大规模杀伤性武器以及缓解地区局势的协定不可能取得任何进展。④

1964年1月29日，周恩来总理访问了两国贸易项目中的重要棉花生产区，他在那里受到了成千上万名农民的热烈欢迎。周恩来总理在演讲中这样说道：“自从中国从苏丹进口棉花后，棉花已经成了苏丹与中国人民友谊的纽带。”⑤

周恩来总理及阿布德总统举行了几次会谈，双方交换了许多意见和建议。根据1964年1月30日双方于喀土穆发表的共同声明，谈话在互谅互信、坦诚友好的气氛中进行，双方讨论了国际问题以及亚非问题，双方强调，他们坚决支持亚非人民

---

① 《北京周报》，1964年2月7日，第7卷，第6期，第331页。

② Afro-Asian Solidarity Against Imperialism, a Collection of Documents, Speeches and Press Interviews from the Visit of Chinese Leaders to Thirteen African and Asian Countries, Foreign Languages Press, Beijing, 1964, p. 228.

③ Ibid., p. 229.

④ 同上，第236页。

⑤ 《北京周报》，1964年2月7日，第7卷，第6期，第29页。

反对帝国主义的正义之战。①

声明指出，双方赞赏亚的斯亚贝巴会议，将其认为是非洲解放与历史发展上的转折点，双方也赞赏万隆会议，认为它是亚非国家解放与历史发展上的转折点。双方一致同意，在时机成熟时召开第二届亚非会议，并认为应为此做积极筹备。②

声明宣布，中方表示支持巴勒斯坦人民重获应有的权利，中方表示将在以下几条基础上支持阿拉伯及非洲人民：

支持阿拉伯及非洲人民为获取和捍卫国家独立的斗争。

支持阿拉伯及非洲政府实施和平、不偏不倚的公正政策。

支持阿拉伯及非洲人民自主选择的实现统一、团结的意愿。

支持阿拉伯及非洲人民通过和平磋商解决争端的努力。

必须尊重阿拉伯及非洲人民的主权，反对任意一方干涉。③

声明还指出，双方讨论过中印边境争端，表示有信心和平解决争端，并对此持乐观态度。声明还指出，阿布德总统表示，苏丹人民认为中国人民必须在联合国派驻代表，以敦促联合国根据宪章行使其使命，并提到，苏丹曾在多个场合对剥夺中华人民共和国在联合国合法权利的行为表示谴责。④

最后，声明还阐明，两国之间的互访将推动国际友好合作关系走向前进。⑤

1964 年 1 月 29 日，周恩来总理在阿布德总统为其举办的欢送晚宴上说道："我们不会忘记喀土穆、恩图曼人民以及棉花种

---

① 《北京周报》，1964 年 2 月 7 日，第 7 卷，第 6 期，第 30—31 页，《中国苏丹联合公报》全文，喀土穆发行，1964 年 1 月 30 日。

② 同上。

③ 同上。

④ 同上。

⑤ 同上。

植区的农民们热情洋溢的款待。”他还说道：“我们提出和平共处五项原则，也即是互相尊重领土和主权完整、互不侵犯、互不干涉内政、平等互利、和平共处，在此五项原则基础上，我们与不同社会制度的国家和平共处。”①

讲话结束时，周恩来总理在提到苏丹与中国友谊时说道：“我们的友谊如尼罗河水一般源远流长。”② 访问结束后，周恩来总理正式邀请阿布德总统访华，而总统也欣然接受。③

这是中国领导人对苏丹的第一次访问，尽管双方的体制不同，但共同声明显示了双方在许多观点上的一致性，而苏丹官方和民间对周总理一行访苏的态度以及报刊社论都表明，中方对非洲及阿拉伯国家的对外政策受到了苏丹的欢迎。

在访问期间，周恩来总理还向阿布德总统提出建议，由双方为第二届亚非会议做积极筹备，中方重申，中国支持苏丹统一，并对苏丹南部的争端发表意见，重申和平解决争端的重要性。

苏丹对中国召开第二届亚非会议的倡导表示支持，这一点可以在周恩来总理结束对亚非14个国家访问后递交给中国全国人民代表大会常务委员会的报告中得到证实，报告称：“许多亚非国家领导人都认为召开第二届亚非会议的时机已经成熟，应该为此而积极筹备。”④⑤

---

① 《北京周报》，1964年2月7日，第7卷，第6期，第232页，《中国苏丹联合公报》全文，喀土穆发行，1964年1月30日。

② 同上，第233页。

③ 《北京周报》，1964年2月7日，第7卷，第6期，第30—31页，《中国苏丹联合公报》全文，喀土穆发行，1964年1月30日。

④ Ogunsan Wo Alaba，China Policy in Africa，op. cit.，p. 126.

⑤ 当时中国为召开这次排除并非属于亚洲国家的苏联参加的会议而付出了巨大的外交努力，并且成功阻止了为讨论苏联是否应该参加会议而将会议延期的要求。苏丹似乎赞同中国的观点，在促使召开此次会议上站在了中国的一边。

这次带有政治色彩的苏丹之行是中国总理为巩固中国与非洲关系系列访问中的重要一环。[1] 尽管在此次访问中两国并未签署任何技术、经济合作协定，但毫无疑问的是，它将两国关系推向前行，并掀开了中苏关系史上新的一页。

这次历史性访问的 4 个月后，苏丹总统法里格·易卜拉欣·阿布德于 1964 年 5 月 16—20 日率大型代表团对中国进行了访问，代表团成员包括塔勒阿特·法里德上将、教育指导部部长哈桑·巴希尔·纳赛尔上将、内阁部长马格布勒·艾敏·哈只上将、外交部部长艾哈迈德·赫尔、苏丹驻巴基斯坦大使法赫尔丁·穆罕默德，后者曾任苏丹对中华人民共和国大使，但并未常驻中国。[2] 在为期 4 天的访问期间，阿布德总统与中国国家主席毛泽东、副主席刘少奇、国务院总理周恩来等一些中国党和国家领导人进行会晤。[3] 1964 年 5 月 18 日，周恩来总理在为款待阿布德总统而举办的晚宴上宣布："双方领导人就共同关心的国际问题以及如何发展两国友好合作关系进行了开诚布公的友好会谈，并就讨论的问题达成了共识。"[4] 访问结束时，双方发表联合声明，再次强调中国支持巴勒斯坦以及非洲人民的解放运动，双方对亚非第二届会议的筹备工作表示满意。声明指出，两国政府决心与其他亚非国家一起为促成第二届亚非会议胜利召开而齐心协力。[5] 声明还指出，为扩大两国在经贸文化领域的合作，双方已经就可为此采取的各种措施及手段交换

---

① 周恩来总理对非洲的访问是中国领导层的固定行程，每年年初中国领导层都会对非洲进行访问，以增进中非在各个领域的友好关系。

② 《北京周报》，1964 年 5 月 22 日，第 7 卷，第 21 期，第 5 页。

③ 同上。

④ 同上。

⑤ 《北京周报》，1964 年 5 月 22 日，第 7 卷，第 21 期，刘少奇主席与苏丹总统阿布德会谈纪要全文，第 6 页。

了意见。[1] 法里格·易卜拉欣·阿布德总统是第一位访问中国的苏丹总统，他此次的中国之行是周恩来总理于当年1月成功访问苏丹的后续。这两次互访充分表明了两国对增进与发展双方关系的迫切愿望，这是自1959年以来苏丹与中国关系史上最重要的事件。双方在阿布德总统离开中国之际发表的这份共同声明指出，两国政府齐心协力，为促成第二届亚非会议顺利召开而与其他亚非国家共同努力，这是双方在处理国际事务中的第一次协调合作。[2] 观察家们注意到，中国的新闻媒体对此次访问的报道甚为关注，《人民日报》专辟版面介绍此次重要访问，这显示了中国对该访问的重视程度。[3] 法里格·易卜拉欣·阿布德总统此次访华期间与中国就国际事务多次进行开诚布公的协调。同年，两国再次表示支持刚果人民反莫伊兹·卡奔达·冲伯(Moise Kapenda Tshombe)[4] 政府的斗争。由于苏丹人民的支持，刚果政府威胁说将对苏丹南部的分裂分子给予支持。刚果政府的声明一出，中国政府便对苏丹南部的局势表示担忧，表示中国政府希望在统一的框架下解决问题，并宣布中国政府已经做好准备，只要任何企图破坏苏丹统一的外部势力介入，中方会

---

① 《北京周报》，1964年5月22日，第7卷，第21期，刘少奇主席与苏丹总统阿布德会谈纪要全文，第6页。

② 尽管当时苏丹与埃及之间有着良好关系，然而在召开第二届亚非会议的问题上，苏丹仍然与埃及存在异见，苏丹认为苏联是否与会并不重要，但埃及的阿卜杜·纳赛尔总统却认为苏联的参与具有重要意义，中国则希望大会将苏联排除在外，这导致了中国与埃及之间的外交紧张，参见加法尔·卡拉尔·艾哈迈德："埃及与中国关系"，载于《国际研究》，金字塔研究中心。

③ 参见1964年5月17日至20日的《人民日报》。

④ 莫伊兹·卡奔达·冲伯（1919年11月10日—1969年6月29日），刚果民主共和国政治家、军阀。1960年，他在比利时的支持下，宣布南部的加丹加省从刚果独立，从而引发了著名的刚果危机。1963年加丹加被联合国维和部队占领。1964年他回国再次出任总理，但次年被解职，此后开始流亡，后被软禁，死于心脏衰竭。——译者注。

立刻提供帮助。[1][2] 1964 年，中国在桑给巴尔支持持左派思想的民族党以对抗其中央政府，在尼日利亚，中国支持比夫拉的一支重要反抗势力对抗其中央政府，但中国拒绝支持苏丹南部的分裂派对抗中央政府，并且还表示在苏丹统一的框架下，支持和平解决苏丹南部的内战问题。毫无疑问，苏丹政府一定已经向中国政府表明了其立场，几股外国势力试图加速苏丹的内战爆发，试图使该地区的冲突更加复杂化。1964 年，另一起事件也同样证明了中国对苏丹政府的美好情谊。在这一年，世界的糖市发生了一件大事，产量下跌，价格暴涨，以至于达到了每吨 80 澳币的价格。苏丹急需糖，便希望中国能以每吨 51 澳币的价格向苏丹售糖，因为在苏丹看来，在苏丹与中国的贸易关系中，获利并非中国政府的主要目的。[3] 在阿布德总统成功访问中国期间，尽管两国已经一致同意增进并扩大两国关系，然而苏丹非常驻中国大使法赫尔丁直到 1964 年 9 月 7 日才向中国政府递交委任状。[4]

第三节　苏丹与中国关系：1964 年 11 月初—1969 年 5 月

1964 年，两国关系实现了重要的发展，也正是在这一年，

---

① Ogunsan wo alaba，前引，第 174 页。

② 由于对苏丹南部采取推行阿拉伯语、伊斯兰化的政策，法里格·易卜拉欣·阿布德政府对苏丹内战的爆发有着不可推卸的责任。可参见加法尔·卡拉尔·艾哈迈德的《1946 年—1985 年苏丹共产党以及南苏丹问题》，喀土穆大学出版社，2005 年版，第 109—143 页。

③ Ogunsan wo alaba，前引，第 151 页。

④ 苏丹代表团访华照片及新闻卷宗，新闻及照片为 1964 年 9 月 7 日，第 322187 号，新华社档案。

阿布德总统的军政府倒台。在此之前，民间反对势力组织了全面的政治性罢工并伴以暴动，这迫使苏丹的军政府委员会让位给以希尔·哈特姆·哈里法领导的过渡政府。此后，苏丹进行大选，苏丹乌玛党及民族联合党成为苏丹的两大党。人民运动胜利后不久，中国宣布与阿布德政府断绝关系，并准备国书，向苏丹新政府表示欢迎，中国表明，中国无意干涉苏丹人民的选择，中国驻苏丹大使转达了中国政府对苏丹现状的支持，且明确表示，在苏丹完成选举成立新政府后，中国政府将继续发展与其的友好关系。①

苏丹南部暴力冲突不断升级，新政府试图通过谈判来解决南部的争端，在这样的背景下，苏丹既忙于解决其内部问题，又要为选举做好准备。因此，当时的苏丹第二届政权无暇对两国关系给予足够重视，当然，影响两国关系的原因还有很多，例如苏丹国内正广泛开展政治运动、政府忙于为大选做各项筹备、第一届军政府倒台之后出现的党派之争，而此时的中国也进入了1966—1976年的10年“文革”动乱时期。然而仍然可以在一些档案中找到两国交流的记录，如苏丹的工会组织及一些民间组织曾于1965—1966年期间前往中国访问，而中国的律师代表团也曾于1965年10月访问苏丹，并与苏丹同行进行了亲切会晤。②

1965年9月与10月期间，苏丹的两个记者代表团分别出访中国，同年10月，苏丹种植业者联合总会代表团也前往中国访问。③

1966年5月，苏丹教师联合会代表团访问北京，同年，苏

① 苏丹外交部文件。
② Behbahani，前引，第344页。
③ 同上，第333页。

丹棉花企业贸易代表团也前往中国访问。①

1966 年 5 月，中国伊斯兰教协会代表团访问苏丹，并与苏丹宗教基金部官员会晤，在前往沙特朝觐的途中，代表团还参观了苏丹港，苏丹港中等工业学校的学生向代表团赠送纪念品，该协会将这份礼物一直保存至 1973 年。②

同年 5 月，中国作家代表团访问苏丹，听取了苏丹作协的经验，两国作协一致认为有必要加强两国作家之间的联系。③ 同年，著名专家提加尼·马西以及最高法院首席法官巴比克尔·阿瓦达拉访问中国。④ 立宪会议非常重视与中国国务院增进友好关系，因此派出了由穆罕默德·贾巴尔·阿瓦德带领的代表团出访中国，并向中方介绍了苏丹当时的局势。⑤ 苏丹中国友好协会代表团的北京之行受到了中方高层领导人的高度重视，包括周恩来总理、陈毅副总理在内的中国领导人接见了协会主席阿卜杜·瓦哈布·宰因·阿比丁。⑥

1966 年 5 月 7 日，苏中于喀土穆签订了《一九六六年贸易议定书》，根据该议定书，中国向苏丹购买了价值 300 万至 350 万英镑的棉花，苏丹也向中国购买了等值的商品。⑦

这是继 1962 年 5 月 23 日双方签订贸易协定以来双方签署的

---

① Behbahani，前引，第 334 页。

② 苏丹驻华大使阿卜杜·瓦哈卜·宰因·阿比丁的讲话，1977 年 5 月 3 日，15/a/nss 号，致外交部副部长，喀土穆，题为《苏丹宗教基金部与中国伊斯兰教协会》，也可参见 Behbahani，第 345 页。

③ Behbahani，前引，第 345 页。

④ 苏丹代表团访华照片及新闻卷宗，新闻及照片为 1966 年 6 月 9 日 352277 号，及 1966 年 5 月 26 日 352619 号，中国新华社档案。

⑤ 同上，1966 年 9 月 26 日。

⑥ 苏丹代表团访华照片及新闻档案，新闻及照片为 1967 年 5 月 6 日 365070 号。

⑦ 《苏丹共和国政府和中华人民共和国政府一九六六年贸易议定书》，签订于 1966 年 5 月 7 日，现保存于苏丹贸易部、苏丹外交部档案。

首个议定书。在1963—1965年期间，双方并未签署任何协定。

1968年6月20日，双方政府再次签订贸易议定书，中国据此向苏丹购买了价值650万英镑的商品，其中主要商品是棉花、玉米、花生、芝麻，苏丹也向中国购买等值的商品。①

1968年议定书中规定的贸易额增加至1300万英镑。两国贸易往来的增加正是由于当时环境的影响。该议定书签署于1967年的阿以“六日战争”之后，战争导致了苏伊士运河的关闭以及运载费用的上升，而中国商品则以其物美价廉而蜚声苏丹及其他非洲国家。

1969年4月1日，双方于喀土穆签署了中华人民共和国政府和苏丹共和国政府之间的《一九六九年贸易议定书》，规定双方的贸易额为1300万英镑，即双方各占650万英镑，苏丹从中国进口的产品里增加了轻工业产品。而苏丹的棉花和芝麻仍然是苏丹的主要出口商品。② 从议定书内容来看，1969年议定书中规定的双方贸易额与1968年相比持平。

从两国实际贸易额来看，中国的经济统计数据表明双方的贸易额自1960年的1139万美元增长至1963年的2230万美元，1962年5月，苏中双方签署贸易协定，双方贸易额的增长也许正归功于这次议定书的签订。③

此后双方的贸易额从1966年的2352万美元增长至1968年的3060万美元。④

1963—1969年间，苏丹在双方的贸易往来中基本都处于贸

---

① 《苏丹共和国政府和中华人民共和国政府一九六八年贸易议定书》，签订于1968年6月20日，苏丹外交部档案。

② 《苏丹共和国政府和中华人民共和国政府一九六九年贸易议定书》，签订于1969年4月1日，北京苏丹大使馆档案。

③ 中国1984年年鉴，前引，第869页。

④ 同上。

易顺差，中国则在 1966 年和 1967 年实现顺差。[1]

第四节　民间外交在两国关系中的积极作用

两国建立关系十年以来，官方往来并非是增进两国人民友谊的唯一渠道，一些个人及组织也发挥了民间外交的积极作用，例如被称作“苏中民间外交之父”的作家、记者、苏丹捍卫民族独立与世界和平委员会（The Sudan committee for defense of national independence and world peace）秘书长艾哈迈德·赫尔以及苏丹中国友好协会。[2]

艾哈迈德·赫尔原本为世界和平大会及世界人民团结运动的领袖人物之一，此后，他选择支持中国领导层并支持中国的社会主义模式，因为在他看来，中国模式与苏联模式不同，而且中国实现了稳定。他在苏丹工人运动的基地阿特巴拉（'Atbarah）开始其职业革命者的生涯，自 20 世纪 40 年代起就成为反对英国殖民的领袖与演说家，并投入世界反殖民主义的斗争。[3]

艾哈迈德·赫尔首次访华是在 20 世纪 50 年代中期，当时他还是以总部设在维也纳的世界和平大会的成员身份出访中国。[4]

为此世界性的共产主义实践中采纳毛泽东路线，他来到北京，支持中国共产党反对西方帝国主义侵略及当时与中国敌对的苏联政权的斗争，他在许多革命、政治及新闻团体中担任工作，例如，亚非记者中国联合会、中国人民对外友好协会、外文出版

① 中国 1984 年年鉴，前引，也可参见附录中表 1。

② 《北京周报》，1969 年 5 月 23 日，第 7 卷，第 21 期，第 25 页。

③ “第七日”，1988 年 1 月 25 日，苏丹著名作家萨拉赫·艾哈迈德·易卜拉欣：《值得尊敬的人们》，第 11 页。

④ 与笔者对艾哈迈德·赫尔的妻子 Kyran Lynch Kheir 的采访，北京，1993 年 12 月。

社、《北京周报》阿文版及英文版、中国国际广播电台。[①]

他将中国国家主席毛泽东的著作翻译成了阿拉伯语。[②] 当毛泽东于1966年在天安门城楼上宣布发动“文化大革命”时，艾哈迈德·赫尔是为数不多的能站在毛主席身边的外国人之一。[③]

中国新华社的阿拉伯专家穆罕默德·艾布·贾拉德与艾哈迈德·赫尔当时都在中国，据前者说，中国领导人视艾哈迈德·赫尔为中国人民的好朋友，并对其特别礼遇。[④]

一些中国的敌对分子试图利用艾哈迈德·穆罕默德·赫尔在亚非革命运动中的广泛影响来大做文章，他们发表了名为《革命》的期刊，在坦桑尼亚、肯尼亚、埃塞俄比亚等非洲国家分发，期刊上刊载了大量旨在歪曲中国对非洲政策的文章，并且盗用了艾哈迈德·赫尔的名义，谎称他为该刊物的主编。[⑤] 这促使《北京周报》和新华社发表声明，否认该期刊的言论以正视听，并谴责其盗用艾哈迈德·穆罕默德·赫尔这位赫赫有名的非洲和平英雄名义的卑劣行径。[⑥]

然而该期刊在非洲仍然盗用艾哈迈德·穆罕默德·赫尔的名义，这迫使当时正在北京的艾哈迈德·穆罕默德·赫尔于1965年10月19日亲自发表声明，新华社转载了这份声明，他在文中严厉谴责了帝国主义及其爪牙炮制出这份所谓的非洲革命期刊并谎称他为主编的恶劣行径。他在声明中还提到，该期刊刊登了多篇

---

① 与笔者对艾哈迈德·赫尔的妻子 Kyran Lynch Kheir 的采访，北京，1993年12月。

② 同上。

③ 同上。

④ 笔者对新华社阿拉伯专家穆罕默德·艾布·贾拉德的采访，1993年7月，北京。

⑤ 《北京周报》，1965年5月14日，第20期，第5页。

⑥ 同上。

意图挑拨中非关系并破坏中国人民与非洲人民友谊的文章，他坚信，帝国主义任何公开或者是不公开的、旨在歪曲中国形象的阴谋诡计绝不会得逞，斗志昂扬的非洲人民的眼睛是雪亮的。①

成立于 1956 年的苏中人民友好协会也在推进两国关系并向苏丹人民介绍中国人民所取得的成就中发挥了重要作用。该协会一直关注中国的政治动态，1969 年 5 月中国共产党第九次全国代表大会结束后不久，在瓦迪迈达尼（Wad Medanī 又译为瓦德迈达尼）的苏中友好协会就向位于喀土穆的中国大使馆派去代表团，祝贺中国共产党第九次全国代表大会胜利召开，并向毛泽东主席及周恩来总理发去贺电，指出，“大会不仅对中国，而且对世界范围内革命态势的发展都极具重要意义”。②

苏丹各界人民都催促其政府承认中华人民共和国，与苏丹共产党有着紧密联系的团体更是奋勇争先。如果查阅 1949—1959 年苏丹共产党的档案，便不难发现，当时的共产党及各组织都曾极力敦促苏丹政府承认中华人民共和国，苏丹共产党对受其影响的妇女及青年组织大加鼓励，鼓舞他们打破殖民主义者强加的封锁，前往包括中国在内的社会主义阵营国家学习。③

苏丹共产党高度评价中国共产党的实践，认为其具有特色，苏丹共产主义者也在不同的集会和论坛上施压，敦促政府尽快承认中华人民共和国，1954 年出台的反殖民主义阵线纲领明确指出了这一点，呼吁做好与中国人民及其政府巩固关系的准备。④ 苏

---

① 《北京周报》，1965 年 11 月 5 日，第 8 卷，第 45 期，第 21 页，1965 年 10 月 19 日艾哈迈德·穆罕默德·赫尔在北京的声明全文。

② 《北京周报》1969 年 5 月 23 日，第 22 卷，第 21 期，第 25 页。

③ 阿卜杜拉·阿比德：《苏丹人在中国》，前引，第 1—13 页。

④ 笔者对苏丹共产党中央委员会成员塔基·希尔·奥斯曼的采访，2009 年 1 月 9 日。也可参见笔者所有的 1954 年反殖民主义阵线纲领。

丹共产党人借助其在第一届议会中的成员资格，不断敦促政府尽快承认中华人民共和国，在1954—1958年间，苏丹共产党主席哈桑在历次讲演中都呼吁政府必须承认中华人民共和国，并敦促政府与中国建立全面的外交关系。[①] 1952年共产党的文件也表明，党内大部分人都赞同走中国式的武装斗争道路，将其视为争取苏丹独立的唯一途径，而不赞成走苏丹爱国运动中所采取的长期政治斗争，由此可见中国对苏丹左派运动在思想上影响之深。[②③④] 由于苏丹共产党在当时影响之深，无论青年还是工会或者学生组织都无不呼吁尽快承认中华人民共和国。苏

① 笔者对苏丹共产党中央委员会成员塔基·希尔·奥斯曼的采访，2009年1月9日。

② 笔者对苏丹共产党中央委员会成员塔基·希尔·奥斯曼的采访，2009年1月9日。

③ 苏丹独立后，中国对苏丹共产党的影响依然存在，1958年12月—1964年10月，在苏丹共产党反抗第一届军事政变政府的斗争中，坚持毛泽东的武装道路思想的代表再次出现。这些代表包括艾哈迈德·夏米、优素福·阿卜杜·马吉德、阿里·阿慕尔，这些人将其组织称为革命领导者，呼吁人们拿起武器，因为共产党号召的全面政治罢工如果不依靠武装斗争的话是不可能成功的。1964年10月21日的人民革命与针对第一届军事统治的全面政治罢工的成功在当时掀起了对武装斗争是否有用的争论，苏丹共产党在1964年11月的中央委员会会议上分析该组织的诉求时提到："一些偏激的成员提出了试图为分裂行为提供解释的全面理论，该理论正好与中国同志们的理论一致，且这些人还希望在世界共产主义运动中实践这种理论。"并且提到时代的主题就是各国受压迫的人民及殖民主义之间的矛盾，要对各国具体问题具体分析，不可盲目照搬别国的经验，苏丹共产党中央委员会还于1967年1月发布了一份题为《苏丹共产党中央委员会关于中国状况的看法》的文件，认为"文化大革命"政策是对无产阶级革命路线的坚持，也是与世界共产主义运动残余的完全决裂。参见苏丹共产党中央委员会成员塔基·希尔·奥斯曼，1964年8月，塔基·希尔·奥斯曼提交的一份分析研究。

④ 苏丹共产党党员绍基·穆罕默德·阿里曾于1964年向革命领导者组织递交加入申请，并得以加入该组织，"革命领导者号召进行武装斗争，这与阿卜杜·哈利格·马哈古卜领导的苏丹共产党领导层所选择的道路相违背，后者号召通过议会选举掌握政权，而前者则认为必须走毛泽东思想所主张的农村包围城市及武装斗争路线"。《苏丹报》，2006年3月12日。

丹共产党人藉中国反对三方势力入侵埃及之机，要求立刻与中华人民共和国建立外交关系。①

苏丹青年联合会成员阿卜杜拉·阿比德在苏丹独立前曾前往中国访问。当他回国后，却被拘禁且剥夺了工作，这从一个侧面反映了当时苏丹各方在敦促政府尽快承认中国方面斗争之激烈。中国报纸以大幅照片刊登了苏丹代表团成员阿卜杜拉·阿比德与周恩来总理拥抱的照片，这充分反映了苏丹青年们对中国的热情，《今日中国》评论照片时这样提到："苏丹青年对周恩来总理的拥抱完全可以证明殖民地人民对中华人民共和国政府的热爱与支持。"②

苏丹人前往中国访问打破了殖民者设置的隔离墙，阿卜杜拉·阿比德于 1956 年在共产主义思想出版社出版了第一本介绍中国的阿拉伯语书，书中真实展示了中国形象，阐释了中国共产党与中国穆斯林之间的关系实质，并提到中国的穆斯林享有宗教信仰自由。③ 在 1956 年 11 月向民族联合党递交呼吁承认中华人民共和国的决议计划中，期间宗教社会团体和民众运动发挥了很大的作用，然而此计划却遭到了联合政府的驳回。虽然看起来当时的政府对承认中国并不热情，但苏丹当时的外交部部长穆罕默德·艾哈迈德·马哈古卜对此并不认同，他提到，苏丹此前曾通过其在联合国的常驻代表支持中国获取合法席位。④

从上文可以看出，中苏民间外交在两国建立外交关系中发

---

① 前引。

② 阿卜杜拉·阿比德，《苏丹人在中国》，前引，第 13 页。

③ 同上，第 89—129 页。

④ 马哈古卜先生，"苏丹外交史之承认中华人民共和国"，《苏丹报》，2007 年 10 月 17 日。

挥了极大的作用。①

1969 年 4 月双方签署贸易议定书后，苏丹历史上的第二次军事政变于 1969 年 5 月 25 日爆发了。一些左翼军官宣布在加法尔·穆罕默德·尼迈里的领导下掌握了政权，这开启了苏中关系的新篇章。苏中关系的第一个 10 年，也即是 1959 年 2 月—1969 年 5 月，在两国关系史上具有重大意义，因为这是两国关系之始，法里格·易卜拉欣·阿布德政权确实尽了苏丹第一届国民政府所能，即承认中华人民共和国。虽然苏丹总理伊斯梅尔·阿扎里于 1955 年曾在万隆与中国的周恩来总理进行会晤，两国还在此次大会上显示了政治上的相近，双方也都明确表示将会坚持万隆会议的决议，实现双方共同协调，以清除殖民主义在亚非的影响。但伊斯梅尔在回国后却并未在促成承认中华人民共和国方面中做出足够的努力，尽管许多证据都表明，当时的哈特米教团的领袖人物、总理所属的统一运动的参谋之一，即以其渊博知识而闻名的阿里·米尔加尼，就认为承认中国有百利而无一害。苏丹第一届选举的政府未能承认中华人民共和国，这引起了当时执政的民主联合党和乌玛党与有着广泛基础的苏丹共产党之间的激烈冲突，后者对中国的非洲政策大为支持，并自独立伊始便一直敦促苏丹尽快承认中国。苏丹推迟承认中国显示了苏丹外交政策的短视，因为当时苏丹并未对与东亚及南亚国家建立关系给予足够重视，其活动主要集中在

---

① 阿拉伯及非洲的民间外交在建立中国与包括苏丹在内的许多阿拉伯及非洲国家之间的外交关系做出了极大贡献，如 20 世纪 50 年代及 60 年代，阿拉伯及非洲友好协会就曾发挥了很好的民间外交作用，然而由于政府试图将这些民间自发组织转变为政府监管或指导的官方或半官方组织，因此大部分组织就逐渐萎缩，在此后发挥的作用便大不如前。参见非洲及阿拉伯民间外交在建立阿拉伯及非洲地区国家之间关系的作用，加法尔·卡拉尔·艾哈迈德，“中国阿拉伯关系中的民间外交”，载于《国际政治》，2007 年 1 月，第 167 期。

非洲、阿拉伯及西方。

在最初的 10 年，两国关系平稳发展，并未出现任何波折。在此期间，中国在喀土穆设立了大使馆，并于 1959 年 7 月派遣了第一任驻苏丹大使王雨田，苏丹驻中国的第一任大使则于 1970 年 5 月 21 日向中国国家主席递交国书。

20 世纪 50—60 年代，两国逐渐开始在国际事务中协调与合作，两国在很多国际事务上达成共识，彼此协调，例如，在召开第二届亚非会议及排除非亚洲国家的苏联参与该会的问题上，两国开诚布公、积极合作。苏丹当时赞同中方将苏联排除在外的观点，两国还共同支持亚非及阿拉伯的解放运动，据一些文件显示，苏丹与中国紧密协调，共同支持推翻西方政府及商业利益集团的爪牙冲伯集团的运动。

中国对易卜拉欣·阿布德政府提出的和平解决中印边境危机的意见十分重视，这也证明了苏丹外交当时在亚非地区事务中的重要地位。

20 世纪 60 年代，中国第一次提出了对苏丹南部问题的设想，呼吁在捍卫国家统一的前提下寻求和平解决问题的办法。中国对此事的态度比较特殊，这与其当时支持亚非及海湾地区的游击战争的立场不符。中国支持非洲，如尼日利亚的游击战争，将其视为人民战争的一部分，这是出于中国军队及毛泽东革命理论的信条和理念。但苏丹问题不同，中国对此事的特殊态度正说明其对苏丹南部内战复杂程度认识甚深。在尼日利亚内战时，中国支持该国的游击战争，甚至推迟至 1971 年 2 月 15 日才与尼日利亚建交。中国呼吁和平解决苏丹南部争端、支持维护苏丹统一的态度在两国建交之初的确有助于两国关系的进步和发展。

在与苏中两国关系有关的档案中可以发现，中国对苏丹力排当时英国的影响、力主与中国建交给予高度评价，当时的西方敌对势力对中国虎视眈眈，而苏丹却能将与中国建交而引起的西方贸易、经济、政治伙伴的制裁置之度外，这其中自然也包括一直在对苏丹施加压力，试图阻止其与中国建交的英国。苏丹与中国建立外交关系并未提出经济或军事援助的要求，而当时的许多亚非国家则不然，它们都藉与中国建交或是获取经济或军事援助，或是在地区及国际事务中寻求中国的支持，然而苏丹在与中国建交之初的10年中却未曾提过此类要求，苏丹在外交上承认中国，而其中毕业生代表大会及苏丹独立的领军人物穆罕默德·赫尔对中国的承认则是民族主义的毕业生代表大会的精神，即向正义、和平及反殖民主义力量施以援手的精神使然，也是穆罕默德·赫尔这位世界和平斗士之精神使然。

中方高层领导在与苏丹外交使节会晤时，曾明确表示中方期待苏方能在周恩来总理于1964年1月访苏期间提出经济、技术或军事援助的要求。但直至访问结束，苏方都未提出任何要求，这促使周恩来总理向代表团的成员询问苏方是否曾在正式或非正式会谈中直接或间接提出过此类要求。[①]

在苏丹的第一次军政府统治期间，虽然中国支持一些与其在思想意识上相近的苏丹左翼组织，但两国关系并未因此而变得复杂。尽管在苏丹共产党内部出现了呼吁采取“人民战争”、号召在努比亚山脉进行武装斗争的思潮，并且这股思潮最后导致了某些党员于1964年8月在艾哈迈德·夏米的领导下脱离了共产党，成立了“革命领导者”，而该新党派也与中国共产党建立了直接联系，然而却很难找到中国共产党与艾哈迈德·夏米、

---

① 与苏丹驻中华人民共和国大使穆罕默德·马塔尔的采访，1993年9月，苏丹，马斯欧迪村，关于马塔尔大使于1980—1989年期间在中国大使馆的工作的采访。

艾哈迈德·加百利、优素福·阿卜杜·马吉德等人所领导的革命领导者党派之间联系的文档或卷宗，也许这是因为该党派仅仅是在 1964 年 10 月易卜拉欣·阿布德政府垮台前两个月才开始表明其与中国的公开关系。中国与这些党派或组织的联系迫使很多国家迟迟不承认中国，这其中便包括非洲的尼日利亚以及海湾阿拉伯国家，因为中国支持那里的佐法尔解放阵线以及解放阿曼和海湾的人民阵线。①

遗憾的是，无论是 1956—1958 年的第一届政府还是 1964—1969 年的第二届政府都没有对中国给予足够重视，在此期间，苏丹高层领导人无一人访华。这或许是因为当时的政府执政期短，且国内党派冲突严峻的缘故。尽管如此，这 10 年还是为两国在此后 40 年的关系发展奠定了坚实平稳的基础。

---

① 加法尔·K·艾哈迈德，《中国—阿拉伯关系之苏丹问题研究》，陈得芝，南京大学，1995 年 6 月。也可参见第二节：中国与海湾国家关系，第 164—218 页。

第三章

苏丹与中国关系：1969 年 5 月—1985 年 4 月

本章主要探讨了 1969 年 5 月—1985 年 4 月期间，即通过军事政变成功掌权的加法尔·尼迈里总统执政期间，苏丹与中国之间的关系。这是苏中关系发展中极为重要的阶段之一。统治苏丹长达 16 年的加法尔·尼迈里政府为发展与中华人民共和国之间长期、稳定的关系奠定了坚实基础，两国关系在此期间取得了长足进步与持续发展，在各国际组织内部，两国在政治上互相扶持；在非洲以及世界范围内，两国相互协调，共同面对苏联强权；在经济方面，尽管中国在 20 世纪 70 年代至 80 年代中期的经济状况十分困难，但仍向苏丹提供经济援助；在军事、文化、医疗方面，中国也同样向苏丹提供了重要的援助。

在此期间，苏丹在很大程度上亲身体验了中国提出的与发展中国家共同合作的基本方针带来的实惠，其中最为重要的一条便是中国致力于推动发展中国家的经济发展进程，同时承诺尊重这些国家的政治意愿及其社会制度，绝不干涉其内政。如果不对两国关系史上这段极为活跃时期加以回顾的话，便根本无法理解为何两国之间的经济往来如此繁荣并佳话频传的经济往来，此阶段的苏中关系足可成为非中合作的优秀典范。

对两国关系史上的这段时期的研究可分为三个主要阶段：

第一阶段为 1969 年 5 月—1971 年 6 月，苏丹政府在外交方面采取与以苏联为首的社会主义阵营联盟，并与西方资本主义军事阵营敌对的政策；

第二阶段为 1971 年 6 月—1976 年 6 月，苏丹政府奉行了对内偏离社会主义道路、对外采取较为温和以及不结盟、同时注重国内的建设与发展的政策，而这一时期，正值中国举国上下进行“文化大革命”；

第三阶段为 1976 年—1985 年，在此期间，两国的政权结构都发生了重要且根本的变化。对苏丹而言，自 1976 年以来，政府机构职能弱化，权力逐渐集中于加法尔 · 尼迈里总统之手，苏丹明显表现出唯美国马首是瞻的态势。在这一时期，中国的政治及经济权力结构也发生了重大变革，中国的实权派果断地于 1976 年终止了“文化大革命”，以全新的积极姿态面对西方，宣布摒弃计划经济模式，采取新的经济改革政策，这种重大转变在中国的对外政策及其为发展中国家提供经济援助的制度方面得到了集中体现。发生于两国体制结构上的转变也必然对两国此阶段的关系产生影响。

本章旨在为中国与阿拉伯非洲的关系，特别是中国与苏丹的关系的研究查疑补漏，以强有力的证据重新审视这段苏中关系史中未曾引起充分研究的时期。

第一节　苏丹与中国关系:1969 年 5 月—1971 年 6 月

虽然苏丹已于 1959 年 2 月 4 日正式承认中华人民共和国，

两国之间也实现了一系列重要互访，但由于国情不同，两国并未在建立大使级的外交关系上实现主要进展。[①] 尽管如此，这仍为两国在未来的活跃交往打下了良好基础。左派军官于1969年5月25日发动了军事政变，推翻了由当选的总理萨迪克·马赫迪所领导的政府。

从政变的发动者、参与者及支持者高举的旗号来看，这场政变显然是由苏丹共产党内部左翼分子所发动的，而领军人物便是加法尔·尼迈里。政变的发动者很快颁布了激进的对内纲领，他们尊奉共产主义路线，向以苏联为首的社会主义阵营皈依，认为苏丹是全世界反对帝国主义阵线的一员。

毫无疑问，苏丹的新提法引起了中国领导人的关注。他们立刻承认苏丹的新政府。中国对喀土穆新政府的承认是如此及时和迅速，以至于在同年，即1969年11月苏丹便设立了驻华使馆。1970年3月，苏丹遴选了第一位驻华的苏丹大使——阿卜杜·瓦哈布·宰因·阿比丁。1970年4月20日履新时，他向时任中国国家副主席董必武递交了国书。董必武副主席高度赞扬了苏丹在达累斯萨拉姆会议上的立场，以及苏丹外长巴比克尔·阿瓦德拉就苏丹支持柬埔寨的西哈努克亲王而发表的声明。[②] 在提到苏丹对西哈努克亲王的支持时，副主席说道："这种立场表明了革命政府与往不同的本质。"[③] 此后，苏丹新任大使拜会了中国总理周恩来，周总理向这位经历了革命运动的大

① 参见加法尔·卡拉尔·艾哈迈德，《苏丹与中国关系，1955年4月至1969年5月》，前引，第81—113页。

② 见阿卜杜·瓦哈布·宰因·阿比丁·阿卜杜·塔姆大使的就职演说，发表于1970年5月12日共和国宫，苏丹外交部档案。也可参见阿卜杜·瓦哈布·宰因·阿比丁向中华人民共和国副主席董必武就国书所提交的2A/1/BSS号报告，1970年5月29日。

③ 同上。

使指出了苏丹发展与邻国关系的重要性。①

在苏丹整肃国内武装叛乱势力时，中国向这个新政权提供了重要的政治援助，并再次向尼迈里总统表明，中国非常重视与苏丹政府发展友好关系。中国驻苏丹新任大使杨守正向尼迈里总统递交国书时，也同样重申两国的关系将日益发展。②

尽管新政权明显倾向苏联，但在苏联阵营外仍享有很大的自主权。在苏联阵营看来，当时的中国是一个致力于破坏世界革命运动的修正主义国家。在中国与苏联的分歧逐渐演变为敌对的历史时期，尼迈里政府却明确且积极地关注着中国。此外，苏联对柬埔寨的西哈努克亲王怀有敌意，苏丹却对其加以承认，这表明苏丹的共产主义者并未完全掌控统治苏丹的革命领导委员会。有着丰富革命经验的中国向打着革命旗号却在事实上干扰其邻国的苏丹新政权建议，应弱化意识形态上的过激行为，并停止对所谓的反动邻国的挑衅。③

事实上，早在 1968 年 9 月，即由赛福·达里伊率南也门代表团出访中国时，中国就提出了类似的忠告，建议也门革命者切勿打着不切实际的挑衅旗号去侵犯所谓的“反动”邻国，应摒弃武力攻击，将目光投向伊斯兰世界，关注阿拉伯国家，如此方能对外推广其政府的革命政策。④

---

① 见阿卜杜·瓦哈布·宰因·阿比丁·阿卜杜·塔姆大使的就职演说，发表于 1970 年 5 月 12 日共和国宫，苏丹外交部档案。也可参见阿卜杜·瓦哈布·宰因·阿比丁向中华人民共和国副主席董必武就国书所提交的 2A/1/BSS 号报告，1970 年 5 月 29 日。

② 萨丽·安·贝纳德:《尼迈里统治时期（1969—1982）苏丹的对外政策》, Baynard, Sally Ann, Sudanese Foreign Policy under Nimeri, 1969—1982，第 96 页。

③ 阿卜杜·瓦哈布·宰因·阿比丁向中华人民共和国副主席董必武就国书所提交的 2A/1/BSS 号报告，1970 年 5 月 29 日。

④ 哈希姆·巴赫巴哈尼著，萨米·穆斯林译:《中国在阿拉伯世界的外交政策（1955—1975)》第一版，阿拉伯研究机构，贝鲁特，1984 年，第 280 页。

新任苏丹大使上任伊始便开始参观中国的城市，并拜访来自中国不同部委及地方的官员，他的这些活动直接促成了1970年6月20日苏丹高层部长代表团对中国的重要政治、经济访问之行。该代表团由财政部长曼苏尔·马哈古卜（中国媒体也将其译为曼苏尔·迈赫朱卜）率领，成员包括了其农业部、工业部、矿产资源部以及其他部委的重要领导人。而这次在外交辞令上被称为“先遣团”的造访则为加法尔·尼迈里总统的来华访问做好了铺垫。尼迈里总统在中国之行中对两国的合作计划寄予厚望，期待能藉此提高双方的贸易往来水平，探讨与中国签署经济技术合作的可能性，获取中国政府的经济援助以实施本国的经济发展计划，并与中国签订文化、科学合作协定。①

来华的苏丹代表团带来了加法尔总统分别致周恩来总理及董必武副主席的信件。苏方受到了热烈欢迎。1970年6月21日双方举行了正式会谈。在会谈中，代表团团长阐明了苏丹政府所执行的社会主义政策，强调苏丹属于社会主义阵营、反对世界帝国主义的立场，并指出，苏丹已与民主德国、朝鲜民主主义人民共和国、越南南方民族解放阵线互派了外交代表，并承认柬埔寨的西哈努克亲王。团长希望中国能在贯彻实施社会主义基础，即经济发展计划上为苏丹的社会主义建设提供援助，并建议在1970年将两国的贸易额提高至2000万苏丹镑，1971年将其提高至2400万苏丹镑。苏方致力于与中国缔结科学、技术合作协定，在中国政府的援助下实施包括筑路工程以及在努比亚山区建纺织厂、陶瓷厂在内的经济发展计划，并借鉴中国

① 苏丹外交部长致苏丹驻华大使的信，1970年6月11日，第33A/64/WA/KHW号，题为“苏丹部长级代表团访华”。

经验，因地制宜地在苏丹栽种水稻。[①]

尽管苏中两国建交 11 年后苏丹方有高级代表团访问中国（1970 年 6 月），但中国政府对苏丹的经济、技术援助却早就开始了。

中方很快就响应了苏方有关提高两国贸易议定书中关于贸易额的建议，并以 1964 年周恩来总理访非期间提出的八项原则为基础，与苏方签订了经济、技术合作协定。[②] 在第一轮会谈上，中方同意向苏丹政府提供 5000 万人民币（即 2032 万美元）的无息贷款。在第二轮会谈上，苏方向中方介绍了国内的经济状况，并表明将在今后 5 年内依靠友好国家的援助中大力开展国内建设项目，拒绝包括美国在内的其他国家有损苏丹主权的援助。听到苏方的承诺后，中国立刻将前一轮会谈中同意的贷款额提高至 1 亿人民币（即 4064 万美元），同时还对贷款条件给予了优惠，将原本的贷款期限，即由原来的 1971 年至 1980 年的期限延长至 1986 年 1 月，后又延长至 1995 年 12 月。这一协定最初于 1970 年 6 月 25 日在北京签署草案，并于加法尔·尼迈里总统访华期间正式签订。[③] 鉴于棉花是苏丹的主要出口物资，苏丹代表团得到了中国领导人提高从苏丹进口棉花的许诺，即从条约生效的第一年起，就将原定从苏丹进口的棉花总额由 650 万苏丹镑提高至 850 万苏丹镑，并在第二年提高至 1050 万苏丹镑。[④] 在访华期间，中国政府同意遵循先前与苏丹达成的协定，尽快将 2.5 万吨玉米装船，并表示如果苏丹愿意，中国将

① 参见 1970 年 6 月 20—27 日苏丹部长级代表团访问中国的报告，由苏丹总理内阁中的财政部长曼苏尔·阿杰卜（Man ṣ ūr al-‘ajab）（上文提到财政部长为曼苏尔·马哈古卜）编写，第 33/A/FA/KHW 号，1970 年 6 月 7 日，苏丹外交部档案。

② 同上。

③ 同上。

④ 同上，第 8 页。

中止从加拿大购置小麦，转而向苏丹购买。除此以外，中国政府还同意向苏丹的合作社出售价值150万苏丹镑的消费品。① 当评价此次出访中国在经贸方面实现的成就时，苏丹财政部部长曼苏尔·马哈古卜在向部长委员会提交的报告中指出："代表团在访华期间所签署的最终协定意味着在1971年两国的贸易往来将实现飞跃，即提升至2400万苏丹镑，中国同意从苏丹购买大量棉花对苏丹棉花的销售有着极为深远的影响。此类协定的签订不仅极大地支持了棉花销售政策，也有力巩固和稳定了国内经济。"在提到与中国的经济、技术合作协定时，他又说道："此次贷款额度大、期限长（即10年），中方给予苏丹的优惠远超其他国家。"② 苏丹代表团此次中国之行受到了中国民间和官方的热烈欢迎，曼苏尔·马哈古卜部长认为这足以表明中国人民对此次访问的重视程度，他指出，中国人民向苏丹提供如此优惠的贷款，表达了中国人民为图稳固发展两国人民友好关系的真挚情谊。他还强调，中国政府奉行明确的社会主义政策，反对美帝国主义及殖民主义，支持解放运动，这一切都促成了此次经贸谈判的成功。此外，他还建议苏丹借鉴中国人民的经验教训，因地制宜发展苏丹农村。③

只要翻阅该经济、技术合作协定，便不难发现，对苏丹这样的发展中国家而言，该协定确为合作与交往的典范，因为它完全不附加任何目的和条件。它承诺无条件地向苏丹提供长期

---

① 参见1970年6月20—27日苏丹部长级代表团访问中国的报告，由苏丹总理内阁中的财政部长曼苏尔·阿杰卜（Manṣūr al-ʻajab）（上文提到财政部长为曼苏尔·马哈古卜）编写，第33/A/FA/KHW号，1970年6月7日，苏丹外交部档案，第7—8页。

② 同上，第10页。

③ 同上，第10页。

巨额贷款（4064 万美元）以用于相关领域，并向苏丹提供大量机器、设备以及技术支持。此外，为了支付中国在苏丹工程项目的开销，协定还允许中国商品在苏丹市场进行销售。①

在代表团即将结束访问时，中国外交部安排代表团拜会了毛泽东主席，毛主席亲切接见了代表团，在谈到苏丹的革命时，他说道："要发展自己的工业和农业。不要依靠外国。"当曼苏尔·马哈古卜部长感谢中国对苏丹的援助时，毛主席说："物质援助，要到了手，见了效，那才算数。不到手，工厂没有建立起来，那不能算数。你们自己的工程技术人员、科学家没有培养出来，中国人不撤走，也还不能算数。"在会见结束时，毛主席说道："帝国主义又培养了反对它的人，另外培养一批走狗拥护它自己。美帝国主义，世界人民不喜欢它，美国人民也不喜欢它。这个美帝国主义专门团结那些各国人民认为是不好的人。它喜欢那类人作朋友，我们就喜欢我们这类人。"对毛主席的话，曼苏尔·马哈古卜团长深表赞同，他说道："新的苏丹政府将一直与中国保持统一阵线，共同反对美帝国主义。"② 代表团结束访问时，苏丹驻华大使阿卜杜·瓦哈布·宰因·阿比丁举办了盛大宴会。他在席间发表演讲，感谢中国对苏丹代表团的热请款待，高度赞扬了 1970 年 5 月 20 日毛主席所发表的《全世界人民团结起来，打败美国侵略者及其一切走狗》的声明，他说道，苏丹的国有化进程正大步迈进，这正是对该声明的回应。③

---

① 《苏丹民主共和国与中华人民共和国的经济、技术合作条约全文》，1970 年 6 月 25 日草案。

② 《中国主席毛泽东与同苏丹政府友好代表团团长马哈古卜谈话纪要》，1970 年 6 月 24 日，阿文版译自中文版，见苏丹外交部档案。

③ 苏丹驻华大使阿卜杜·瓦哈布·宰因·阿比丁在欢送以财政部长曼苏尔·马哈古卜为首的部长级使团的告别宴会上的讲话全文，1970 年 6 月 27 日。

此次中国之行获得的巨大成功恐怕连苏丹政治领导层都未曾料到，值得注意的是，尽管苏丹表现出亲苏联的倾向，但中国仍然乐于向苏丹提供重要的经济、政治、技术援助。代表团也同样如此，他们毫不犹豫地在许多事务上对中国的高层领导表示赞同，并对中国在社会主义建设中所取得的经验示以敬意。在中国与苏联交恶的大环境下，苏丹代表团对中国的访问本身就说明苏丹无意介入当时世界两大社会主义国家的意识形态之争。因此，尽管苏丹倾向于苏联，但中国人民仍然对苏丹政权表示友好。在与苏丹代表团的谈话中，毛主席提到了中国对苏丹援助的本质与目的，这真实反映了中国在那个历史时期的精神，也正是这种精神让中国赢得了世界人民的尊重。

部长级代表团刚刚安全返抵苏丹，就立刻引起了苏丹各界关于如何利用中国贷款的热烈讨论，与此同时，加法尔·尼迈里总统的访华之行也在紧锣密鼓地筹备中。①

1970 年 8 月 5 日至 13 日，加法尔·尼迈里总统率大型高级代表团开始了对中国的重要访问，成员包括外交部部长穆阿维叶·易卜拉欣、国防部部长兼武装部队总司令哈立德·哈桑·阿巴斯、宣传和民族指导部部长欧麦尔·哈只·穆萨、住房部部长穆巴拉克·奥斯曼·塞纳德、外交部次长阿卜杜拉·哈桑，以及苏丹驻华大使阿卜杜·瓦哈布·宰因·阿比丁。代表团刚抵达北京，便马不停蹄地与中国各级代表团、委员会及领导进行政治、经济会谈。1970 年 8 月 8 日，由中国外交部副部长姬鹏飞主持召开了文化委员会会议，欧麦尔·哈只·穆萨在会上发言时指出：“苏方向中方提出的要求并不只是为了苏丹自己，

---

① 规划部次长对共和国官经济事务顾问的讲话，1970 年 6 月 28 日，中国/贷款/WT，见苏丹外交部档案。

也是为了整个非洲，正如昨天周恩来总理所言，苏丹为非洲带来了革命新希望。”①

欧麦尔·哈只·穆萨提出了宏伟的经济援助计划。尽管中国同时对许多友好发展中国家努力承担其国际义务，但中方还是同意自 1970 年 8 月 10 日起就开始实施双方已签署的包括文化、宣传、技术在内的许多项目：

1. 培训纺织方面的研究员；

2. 培训排球人才；

3. 培训苏丹杂技团；

4. 文艺代表团互访；

5. 赠送毛主席著作；

6. 赠送乐器及与中国各节日相关的纪录片；

7. 应苏方要求，苏方派遣专家来华学习广播技术，以便增强苏丹广播的覆盖率，向非洲各国宣传社会主义思想，并对发生在苏丹南部的事件作出解释；

8. 中方派遣医疗工作队进驻苏丹医院；

9. 中方向苏方赠送流动电影放映车以及配备扩音和录音设备的小车。②

1970 年 8 月 12 日，苏丹民主共和国与中华人民共和国签署了文化、科学、技术合作协定。该重要协定指出，根据和平共处五项原则、加法尔·尼迈里总统与周恩来总理的会谈精神，以及双方实现互信友好访问的意愿，双方决定签署协定，以交流经验为目的进行学者、艺术家以及文学界、艺术界、新闻界、

---

① 《加法尔·尼迈里总统对中国以及朝鲜民主主义人民共和国访问的最终报告全文》，1970 年 8 月 5 日—13 日，外交部 15/‘A/1/BSS 号档案。参见第一章的政治部分，第 7 页。

② 同上，第 4 页。

广播界、体育界人士的互访。该文化合作协定的第二条指出，在培训文学、艺术、体育、科学、技术的从业人员方面，双方进行互帮互助。第三条指出，根据需要，在条件允许的范围内，双方在有助于支持、发展两国文学、艺术、广播、报纸、体育、科学、技术活动的器材与设备方面进行交流。协定还指出双方应该交流科技信息与文件，向彼此提供种子及样本用于科学实验与研究。①

除了这些大型文化、科学项目亟待中国政府审批外，苏丹政府还有一系列的工厂、车间、道路网建设计划也在等待上马，急需资金及技术援助。参与会谈的经济代表团团长、住房部部长穆巴拉克·奥斯曼·塞纳德遵照尼迈里总统的指示，以增建五座大桥以及一所一流宾馆为由，试图说服中国增加对苏丹的贷款额度。对于苏方计划建造大量工厂、项目以及道路，中方回应道："我们建议苏方开展一些投资规模小、回报快的项目，这样可以使苏丹能尽快从新的资金增长点获益。同样，我们认为必须重视以农业为基础，惟其如此，才能使国家保障劳动力的需求，也才能减少财政的开支。"关于工业化项目，中方指出，中方非常赞赏苏方分阶段进行项目实施的做法，认为此举便于在工厂建设期间培训干部，也有利于积累必要的操作、管理以及产品销售经验。但中方也同样提醒苏方，在建设道路与公共设施方面，应广泛吸引人民大众参与其中，此举有利于节约项目的成本，而货款结余也可用于其他项目的建设。②

中方的意图旨在建议苏方切勿急于同时进行如此众多的

① 《苏丹民主共和国与中华人民共和国文化、科学、技术合作协定全文》签署于1970年8月12日，见苏丹外交部档案。

② 《加法尔·穆罕默德·尼迈里总统于1970年8月5日—13日访华的最终报告全文》，经济决议。见与经济相关部分，第1—3页。

大型工业项目，应量力而行，合理安排。这也许是中国在1958 年至 1959 年的大跃进中偏离农业与经济建设、大搞快速工业化而深受其害的肺腑之言。因此中国再三强调以农业为基础、发展与农业相关的工业的必要性，苏丹只有保障粮食物资的供应，才能将出口盈余，中方给苏方的建议的确非常正确。

在此次访问中，中方并未同意提高贷款的额度，因为在目睹了苏方的确需要新的贷款后，中方已经准备好向苏丹提供另一笔贷款。正如周恩来总理在与加法尔·尼迈里总统的谈话中所说，如果有必要，中方已做好多次延长苏丹贷款期限的准备。他指出，中方在计算年度财政时，并未将给予苏丹的贷款计算在内，中方认为这笔贷款是对友好国家的援助，考虑到中方同属发展中国家，而且也急需贷款来进行经济建设，[①] 因此不求利息，不想以利息加重苏丹的负担。

1970 年 8 月 24 日，尼迈里总统在共和国宫会议大厅对记者的声明中提到了他此次对中华人民共和国以及朝鲜民主主义人民共和国的访问，并指出，在苏丹与中国的经济会谈中，中方同意以下工厂及项目的建设：

1. 化肥厂；
2. 小型农具厂；
3. 纺织厂；
4. 造纸厂；
5. 在迈鲁特（Malūt）建立两个糖厂；
6. 在苏丹南部的乌韦勒地区建立水稻试验站；

---

① 关于革命指导委员会主席访问中华人民共和国的经济决策，1970 年 8 月 18 日，15/ ‘A/1/BSS 号，题为《中国与苏丹的政治关系》，见外交部档案，喀土穆。

7. 在罕图布（Hantūb）地区建设道路、桥梁，其中包括民用大桥；

8. 设立广播站；

9. 利用努比亚湖（Lake Nuba）的渔业资源；

10. 勘探石油、铁及其他矿产；

11. 建设大会堂。①

苏方关于尼迈里总统访华的最终报告指出，双方一致同意由中方派遣技术人员对这些项目进行必要的研究，并从技术、经济角度考虑确定工期，以确保这些已经通过论证的项目不会因为资金短缺而下马，并以其他工程代替。尼迈里在声明中特意提到了这次中国之行，他指出，这些项目均为中国政府给予苏丹民主共和国的礼物。②

在谈及此次访问在政治层面上所取得的成果时，该报告指出，尼迈里总统注意到，毛主席认为阿拉伯联合共和国对罗杰斯中东和平计划③的接受，意味着埃及将放弃巴勒斯坦的人权并肃清巴勒斯坦的抵抗运动。对此，尼迈里总统让毛主席放心，埃及绝不会放弃巴勒斯坦人民，但埃及也不会阻碍这个新生的中东和平进程，以免在世界舆论面前给以色列落

---

① 喀土穆中央新闻办公室，6378号，革命指导委员会主席兼总统加法尔·尼迈里于1970年8月24日在共和国宫对记者的关于他此次出访中华人民共和国以及朝鲜民主主义人民共和国的讲话，第8页。

② 同上，第8页。

③ 罗杰斯计划：1969年，尼克松总统的第一位国务卿威廉·罗杰斯提出计划，要求以色列撤出在1967年战争中占领的阿拉伯土地，并根据安全需要对最后的边界进行适当的调整；通过就地安置和赔偿来解决巴勒斯坦难民问题；耶路撒冷成为一个开放的、约旦和以色列共同拥有的国际城市，约、以都可以在该市的社会、经济和宗教生活领域发挥作用。这个计划虽然未能得到实践，但却成了以后中东和谈的基础。——译者注。

下口实，认为是埃及妨碍了巴勒斯坦问题和平公正的解决。①报告还指出：

1. 苏丹公开表示与社会主义国家缔结友好关系以及经济联系的立场，以打破资本主义国家对发展中国家强加的封锁。

2. 在中国与苏联交恶的背景下，苏丹对中国的访问肯定了苏丹在外交政策上的独立立场。

3. 苏丹向中国解释阿拉伯联合共和国接受和平解决原则的原因，试图突破苏联与中国冲突的框架来解释阿拉伯的立场，而此前中国一直在此框架下看待和平解决。②

事实上，尼迈里总统在与中国领导人进行第一次会晤时，就向中方转达了贾迈勒·阿卜杜·纳赛尔总统关于和平解决阿以争端的观点。我们不排除这样的可能性，即与贾迈勒·阿卜杜·纳赛尔总统交好的尼迈里总统在前往中国时，便承载着向中国领导层解释这一观点的使命，因为当时中国反对包括“罗杰斯计划”在内的和平解决巴勒斯坦问题的途径。③

结束对朝鲜民主主义人民共和国的访问后，尼迈里总统给中国总理周恩来去信，在信中，他将中国称为亲爱的朋友，并

---

① 《北京周报》，1970 年 8 月 21 日，第 34 期，第 4 页。也可参见《加法尔·穆罕默德·尼迈里总统于 1970 年 8 月 5 日至 13 日访华的最终报告全文》，参见尼迈里总统对中华人民共和国以及朝鲜民主主义人民共和国访问的与政治相关的部分，第 1—7 页，前引。

② 同上，第 6、7 页。

③ 1970 年 8 月，当苏丹南部右翼派别主席赛里木·拉比阿访问时，中国国家副主席董必武明确地在讲话中表达了中国对“罗杰斯计划”的立场，他提到，在苏联帝国主义的支持下，美国在近期开始玩弄政治伎俩，以分化阿拉伯革命力量、结束巴勒斯坦的斗争。他补充说道，可以肯定的是，中国坚决反对这两个大国旨在破坏巴勒斯坦革命的任何计划。关于中国对该计划立场的更多信息，请参见加法尔·卡拉尔·艾哈迈德所著的《中国与埃及关系》，国际政治，金字塔出版社，开罗，1998 年，第 152—153 页。

邀请周总理在方便的时候访问苏丹。①

中国民间与官方的热情款待使尼迈里总统在回国后依然十分高兴，他的这种情绪在 1970 年 8 月 24 日对记者的声明中表现出来。“自从我们踏上中国的土地，不管我们来到湖南、北京还是上海，也不管我们前往任何一家工厂、粮仓还是军营，我们都受到了极为热烈的欢迎和接待。”他说道：“在与我们的会面中，毛泽东主席表达了中国人民支持苏丹革命以及他支持苏丹人民为实现目标而斗争的决心。”② 在记者招待会上，尼迈里总统对中国向发展中国家提供的贷款表示赞扬，并提到：“中国的贷款不附加任何条件，也不征收任何利息，中国向苏丹提供的这笔贷款理应成为友好国家关系的典范。”③

尼迈里总统结束访问后，苏中两方的官方机构便开始就访问期间达成的项目实施可行性展开研究，中国驻喀土穆大使告知苏丹外交部次长，中国将于 1970 年底前派遣 50 名中国专家前往苏丹，对双方已达成一致的项目进行一些前期研究。虽然研究的项目只有 7 个，但中国将派遣 8 个专家小组前往，因为石油与铁矿的勘探需要 2 个专家小组。④ 大使指出，中国将承担专家小组的所有前期研究费用，其中包括往返差旅、住宿与交通费，直到工程正式开始，才会动用贷款的款项。大使请求苏丹政府为中国专家提供必要的住宿，中国政府将为中国专家的

---

① 苏丹外交部 1970 年 12 月 24 日 1/69/wkh 号文件，加法尔·穆罕默德·尼迈里总统致中国周恩来总理的信，1970 年 9 月 20 日。

② 喀土穆中央新闻办公室，6378 号，《革命指导委员会主席兼总理加法尔·尼迈里的声明》，前引，第 3 页。

③ 同上，第 7 页。

④ 《外交部次长阿卜杜拉·哈桑致外交部各部长的备忘录》，外交部部长先生与中国驻喀土穆大使的会晤，1970 年 11 月 4 日。

住宿支付费用。①

苏丹政府对中方的建议表示欢迎，认为以中国的贷款无疑是一个成功的案例，它使苏丹避免了在与别国签订合作项目及获取的贷款中所产生的巨大经济压力。中国所提供的贷款成为苏丹的优先考虑，因为它不管是在减轻伴随贷款而来的支出方面，还是在项目启动前重新签订原有协定及批准新的协定方面都为苏丹开辟了新路。②

1970 年 12 月，8 个中国专家组如约抵达苏丹，为纺织、造纸、冶铁与石油勘探、建造大会堂、化肥、小型农具、筑路建桥 7 个大型项目进行前期论证。③

1971 年 4 月 29 日，在由中方专家召开的会议上，苏方认为，迈达尼市至卡道里夫市（al-Qa d ārif 或译为加达里夫）的公路连接了喀土穆和苏丹主要港口苏丹港（Būr Sūdān），也连接了苏丹的主要农业区和铁路，因此在建设计划中应首先加以考虑。同样，苏方也要求先建设尼罗河东岸连接迈达尼和罕图布的大桥。④

关于苏方的要求，中方表示须与中国国内进行协商，方能给予最终答复。因此，尼迈里总统于 1971 年 5 月 17 日向周恩来总理递交了一封书信，请周总理批准这条道路的建设。尼迈里总统指出，这条道路的开通将打通苏丹东部农产品向消费市

① 《外交部次长阿卜杜拉·哈桑致外交部各部长的备忘录》，外交部部长先生与中国驻喀土穆大使的会晤，1970 年 11 月 4 日。

② 同上。

③ 哈希姆·白赫白哈尼：《1955—1975 年中国对阿拉伯世界的外交政策，三个个案研究》，K. P. I London 1981，第 346 页。

④ 《规划部与中方关于道路建设选择的会谈纪要》，1971 年 4 月 29 日，规划部档案。

场运输的瓶颈。[①] 周总理很快给予回复，表示中国同意开展该项目，并承诺为项目动工进行必要的研究。[②]

事实证明，尼迈里总统与中国领导层建立了良好关系。1971 年 5 月仅仅一周内，尼迈里总统就向中国总理发出了两封信，其中一封于 5 月 17 日发出，内容关于迈达尼市至卡道里夫市的道路建设，另一封于 5 月 20 日发出，由将在 5 月末最后一个星期出访中国的苏丹动物资源部部长麦蒙·叶哈雅·穆瑙维尔转交。第二封信感谢中国对苏丹的发展所提供的帮助，并请求中国增加贷款额度以帮助苏丹完成五年计划的项目。[③] 对苏丹总统的请求，周恩来总理立刻给予回复，这充分表明中方非常重视与苏丹发展友好关系。

尼迈里总统个人与中国政府的一些重要领导人的关系日渐发展。与此时期，革命委员会内部的冲突暗潮涌动，并终于在 1970 年 11 月 16 日爆发，当局将 3 名成员，即巴比克尔·努尔、法鲁格·哈姆杜拉、哈希姆·阿塔从革命委员会中除名，遣散了武装部队中的一些民主主义军官，并逮捕了苏丹共产党的总书记阿卜杜·哈里格·马哈古卜以及党内的杰出领导人伊兹丁·阿里·阿米尔。[④] 鉴于这两个原因，一向重视中国革命经验的苏丹政府于 1971 年 6 月派遣了重组的社会主义联盟代表团前往中国，向中国的社会主义经验取经，以期在组建新的社会主

---

① 革命指导委员会主席兼总统加法尔·尼迈里于 1971 年 5 月 17 日向中国总理周恩来递交的书信全文，苏丹外交部，1971 年 5 月 29 日，TH/’A/64/KHW 号，由苏丹驻华大使记录。

② 苏丹外交部次长与中国驻苏丹大使 1971 年 5 月 30 的会谈。

③ 革命指导委员会主席兼总统加法尔·尼迈里致中国总理周恩来的信，1970 年 5 月 20 日，苏丹外交部档案。

④ 穆罕默德·赛义德·吉达勒：《苏丹共产党党史》，库施（Kūsh）出版社，法拉比（Fārābī）出版社，伦敦，1999 年，贝鲁特，第 288 页。

义联盟以及在苏丹的政治革命工作中汲取中国经验。①

在代表团学习中国经验之时，1971 年 7 月 19 日，一群由苏丹共产党支持的军官发动了新的政变，共产党中央委员会为政变做了充分的组织工作，并调动了所有支持与同情该党的各方力量以保证政变万无一失，然而由于国内、地区及国外势力的介入，政变还是失败了。尼迈里总统对共产党及其拥护者进行了镇压，一些军事政变的领导人被处死，其中包括巴比克尔·努尔、法鲁格·哈姆杜拉以及共产党基层组织领导阿卜杜·哈里格·马哈古卜、沙菲阿·艾哈迈德·谢赫、约瑟夫·盖尔奈格，上百名共产党党员及其支持者被投入监狱。莫斯科方面迅速作出反应，对苏丹严厉谴责，与苏联共产党交好的各国的共产党也加入其中，莫斯科组织了一场声势浩大的国际运动，谴责苏丹。②

中国对政变及其后果的看法完全不同，中方认为这场政变完全是苏联介入苏丹内政的结果。在政变发生后不久，中方领导层立刻向尼迈里总统去信，祝贺他成功平息这场政变，并表明中国愿意向尼迈里总统提供必要帮助，以弥补苏联留下的真空。③

对苏丹军事政变以及当局向共产党员发动的暴力攻击应如何定性，中国共产党内部看法不一：一些人认为，从世界各民族团结的原则出发，中国共产党应该与苏丹共产党团结，或至

---

① 苏丹外交政策，苏丹外交部编撰，《1973 年年度报告》，苏丹外交部，喀土穆大学出版社，第 92 页。

② 穆罕默德·赛义德·吉达勒：《苏丹共产党党史》，前引，第 301—303 页。也可参见塔里格·易司马仪，《同期的中东国际关系研究》，纽约，锡拉丘兹大学出版社，1986 年，第 246 页。Ismael, Tareq Y., International Relations of Contemporary Middle East, New York, Syracuse University Press, 1986, p. 246。

③ 同上，第 214 页。

少不应该在苏丹共产党——非洲大陆最大、最早的共产党之一——遭遇屠杀和镇压时保持缄默；[①] 而另一些人则认为，在某种程度上，中国的立场应该服务于非洲的社会主义事业。中国在很大程度上纠正了尼迈里总统反社会主义、投身帝国主义阵营的倾向。在 1971 年 7 月 19 日的军事政变后，尼迈里政权带有极强的反共产党倾向，如果不是中国的援助，也许尼迈里政权会自此走向极右道路，彻底投入西方军事阵营的怀抱。一些政治分析家致力于寻找中国在军事政变后支持尼迈里政权的动机，因为值得注意的是，苏丹共产党与中国共产党的关系尽管并非处于敌对，但也比较冷淡。正如曼苏尔·哈立德[②]在《苏丹的精英与政权的接连失败》（an-Nukhbah as-Sūdānnīyah wa ' Idmān al-Fashal）中所述，尽管尼迈里总统于 1970 年 8 月第一次率团访华时受到了中国领导人的热情接待，但他仍然察觉到了中国政府所透露出的冷淡态度，这促使他探求其背后的原因。很快他就从中国总理周恩来那里找到了答案。周恩来总理说道："我认识你们的外交部部长穆阿维叶·易卜拉欣，在中国的困难时期，我在莫斯科见过他。他当时代表苏丹，参与谴责中国，参与了草拟将中国驱逐出国际共产主义组织的决议，并对此决议投了赞成票。"在周恩来总理向尼迈里总统阐明这一点的时

---

① 阿拉巴·奥贡桑，《1871—1958 年中国在非洲的对外政策》，牛津，剑桥大学出版社，1974 年，第 246 页。Ogunsan，Alaba，China's Foreign Policy in Africa 1871 - 1958，Oxford，Cambridge University Press，1974，p. 246.

② 曼苏尔·哈立德（1931—）：苏丹外交家、作家、政治家、思想家，由于其与众不同的见解及其在苏丹国内外所担任的重要职务而成为苏丹极受关注的人物之一，曾担任苏丹总理阿卜杜拉·贝克·哈利勒的秘书，在尼迈里总统政变后，曾先后担任青年、体育及社会事务部部长，外交部部长，教育部部长，以及总统助理。曾在纽约联合国总部及巴黎的联合国教科文组织工作，并担任美国科罗拉多大学的国家法教授。——译者注。

候，尼迈里总统便当即决定不让这位外交部长参加会谈，同时下令让麦赫迪·穆斯塔法而不是苏丹外交部和规划部来负责苏中合作事务。①

在 1971 年 7 月 19 日政变期间，无论世界左派势力或苏丹对中国政府的立场如何定性，中国政府在政治、经济、军事上的公开立场都表明，即使是在 7 月 19 日事件发生后，中国也一贯支持尼迈里总统，而苏联却不支持苏丹政府。两国对苏丹的不同立场使中国与苏丹的政治关系变得明显密切，在苏联的支持中断后，苏丹尝试开辟新路，选择中国为其主要盟友。尽管苏丹共产党谴责中国政府对 7 月 19 日事件的立场以及对尼迈里政权的支持，但包括穆斯林兄弟会在内的苏丹各反对党以及阿拉伯各国政府均反对这次政变，对中国的立场表示欢迎。因此，在 1971 年 7 月末，苏中两国的政治、经济关系均进入了新的发展阶段，中国支持尼迈里政府于 1970 年 3 月在阿巴岛（al-Jazīrah ’ Abā）打击右翼分子，也同样支持该政府于 1971 年 7 月镇压左派。此外，中国政府向尼迈里政府提供了巨额经济援助，至 1971 年 7 月，该援助已达 4000 万美元。②

该时期双方的贸易关系使苏丹的新统治者认识到中国市场对苏丹产品，特别是苏丹当时最重要的出口物资棉花所具有的重要意义，因此苏丹于 1970 年 5 月 21 日与中国签订了贸易议

---

① 曼苏尔·哈立德:《苏丹的精英与政权的接连失败》，第一册，阿拉伯人史册出版社（Ma ṭ ābi’ Sijill al- ‘Arab），1993 年，第 373 页。

② 1971—1985 年苏丹共产党中央委员会会议，也可参见苏丹共产党于 1971—1984 年发行的《论坛报》（Ṣ a ḥ īfah al-Maydān），《论坛报》研究者以及一些关注苏丹政治事务的研究者所了解的文献，也可参见埃及的《最后一点钟》（‘? khir as-Sā’ ah）周刊以及沙特的 1971 年 7 月至 1973 年 7 月的《杂志》（al-Majallah），也可参见萨丽·安·贝纳德:《尼迈里统治时期（1969—1982）苏丹的对外政策》，前引，第 96 页。

定书，其依据便是苏丹民主共和国早在 1962 年 5 月 23 日与中华人民共和国签署的贸易协定，以及苏中双方签署的新协定，即 1970 年 1 月—12 月，苏方承诺向中方购买 800 万英镑的商品，而中方也承诺在此期间向苏方购买等值的商品。议定书规定中方从苏丹出口的最重要商品有纺织品、成衣、轻工业产品（轮胎、机械、水管、茶叶、药品），而向苏丹进口的产品有棉花、花生、芝麻、树胶。1969 年，该议定书确定的两国贸易额达 2949 万美元，而截止到 1971 年末则达到 5224 万美元。苏丹方面的文件表明，中国已兑现了对苏丹的承诺（请参见表 1）。① 1971 年，苏丹向中国的出口额高达 3188 万美元，其中大部分为棉花。1971 年 3 月，两国在喀土穆又签署了新的贸易议定书，计划 1971 年 1 月至 1971 年 10 月期间由苏丹向中国购买价值 1200 万英镑的货物，同时中国也需向苏丹购买等值的商品。②

在此期间，多个苏丹经贸代表团出访中国，寻求两国合作的机会，如 1971 年 4 月 15 日商务及投资部参观了广交会，③ 并于 1971 年 6 月期间参观了中国许多政府单位和机构，确定了从中国进口的商品。④

与此同时，两国的文化及卫生领域的交流也得到了发展。1970 年 8 月两国签署了文化、科学、技术合作条约，这为两国之间的文化交流敞开了大门。此后几十年间，两国的文化合作

---

① 《苏丹共和国政府和中华人民共和国政府一九七零年贸易议定书》，签订于 1970 年 5 月 21 日，商务部档案。

② 《苏丹共和国政府和中华人民共和国政府一九七一年贸易议定书》，签订于喀土穆，1971 年 3 月 9 日，也可参见本书附录表 1。

③ 苏丹外交部，喀土穆，1971 年 4 月 2 日 1/SH/A/64/号文件，《内阁关于苏丹代表团赴广交会的第 1560 号决议》，外交部档案。

④ 1956—1970 年期间苏丹商务部关于苏丹与中华人民共和国贸易活动的档案，1970 年 6 月 27 日编撰完稿，第 4 页，喀土穆，苏丹商务部档案。

获得了长足发展。

在文化协定的执行议定书框架下，文化新闻部次长欧麦尔·穆罕默德·赛义德于 1971 年 4 月对中国进行了访问，就两国增进文化和宣传方面的合作进行商讨，① 同年 5 月，苏丹《天天报》总编法提赫·提贾尼访华，参加在北京举行的国际巴勒斯坦周活动。②

在两国的医疗合作方面，根据两国于 1970 年 8 月 12 日签署的文化、科学、技术合作协定，两国于 1970 年 12 月 14 日签署了医疗合作议定书，派遣中国医疗队进驻苏丹，其中最重要的条款如下：

1. 根据苏丹民主共和国政府的要求，同意派遣由 20 人左右组成的中华人民共和国医疗队赴苏丹进行医疗工作。

2. 中华人民共和国医疗队在苏丹工作期限定为 2 年。如需缩短或延长时间，由两国政府另行商定。

3. 中华人民共和国医疗队人员赴苏丹的往返旅费和在苏丹工作期间的工资、伙食费均由中国政府负担。中华人民共和国医疗队人员在苏丹工作中所需的住宿和交通工具、交通费用，由苏丹民主共和国政府负担。

4. 中华人民共和国医疗队人员在苏丹工作期间，应尊重苏丹的法律和苏丹人民的风俗习惯。③

两国在该时期的军事方面的合作早在 1970 年，即双方互派

---

① 1971 年 5 月，苏丹驻华使馆事务负责人的信，题为“苏丹宣传部代表团的访问”，苏丹外交部档案。

② 《中国建设》（现名《今日中国》——译者注），1971 年 8 月，第 8 期，第 15—17 页。

③ 《中华人民共和国与苏丹民主共和国关于派遣驻苏丹医疗小组的的议定书》，该议定书于 1970 年 12 月 14 日于喀土穆拟定，由中方杨守正大使及苏方的塔哈·巴阿什尔（Ṭaḥ Ba‘shir）博士签署。

代表时就开始了。很难想象，1970 年 8 月加法尔·尼迈里所率领的代表团没有受到两国军事合作的影响。虽然我们对这次访问期间双方就军事领域达成的协议知之甚少，但 1971 年 7 月政变失败、中国谋求填补苏联在喀土穆真空的几个星期后，我们仍可找到与此相关的一些有价值的信息。

第二节　苏丹与中国关系：1971 年 7 月—1976 年 7 月

1971 年军事政变失败后，中方在对加法尔·尼迈里总统表示政治支持之后还迅速作出反应，给予苏丹经济方面的援助。政变事件刚过去几个星期，中方就从其重要的消费品中为苏丹调拨了 1.5 万吨的白糖，以解决苏丹在粮食物资特别是白糖方面的物资紧缺。1971 年末，国防部长哈立德·哈桑·阿巴斯访华，受到了热情接待，并与中方签订了军事议定书。据议定书内容，中方将向苏丹提供：

1. 飞行小队。某些媒体称其共有 14 架米格战斗机，但另一些媒体则称是 8 架。

2. 坦克旅（包括 66 辆坦克）。

3. 为整编旅配备武器，提供步兵武器。

4. 提供 20—50 辆军用吉普车。

5. 签署价值 5000 万元的贷款用于补充军事装备，并提供大量零部件。[①]

尼迈里总统认为，中华人民共和国为苏方提供的大量军事

---

① 《今日苏丹》（Sudanow），1976 年 10 月，第 4 卷，专题报道，“中苏关系从悲痛转为强势”，第 5—8 页。也可参见萨丽·安·贝纳德：《尼迈里统治时期（1969—1982）苏丹的对外政策》，前引，第 221 页。

援助不啻为一份厚礼。[①] 苏军总参谋长也评论道：中国向苏丹提供了大量的军事援助，苏方更获得了大量的零部件，而苏联却将此作为后期对苏丹政治施压的筹码，因此从不提供必要的零部件。他还说道，由于中方通常会在设备、武器及装备上以凸起的触感加以标注，因此中方提供的军事设备操作起来简单易行。[②]

中方对苏方的军事援助一直秘而不宣，直至 1972 年 5 月，一些前往喀土穆参加 1969 年 5 月 25 日政变三周年纪念的观察员、分析家以及外宾在参观军事演习时方才发现这一点。在那次军演中，苏丹飞行员们驾驶着中国的战斗机翱翔长空，《今日苏丹》杂志在 1976 年 10 月刊中指出，中方在国防部长哈立德·哈桑·阿巴斯访华期间向苏丹提供了这些飞机及武器。[③]

值得一提的是，哈立德·哈桑·阿巴斯的此次中国之行被西方媒体称为是一次失败的访问，这些西方政治分析家们的理由是苏丹代表团并没有举办官方的宴会，以答谢中国为其举办的宴会。[④]

为了感谢中方为苏方提供的强有力的政治、经济、军事援助，加法尔·尼迈里总统毫不避忌驻苏丹及北京的外国观察员的目光，在革命委员会所有成员的陪同下，于 1971 年 10 月 1 日出席了中国驻苏丹大使馆为庆祝中华人民共和国国庆而举办

---

① 萨丽·安·贝纳德：《尼迈里统治时期（1969—1982）苏丹的对外政策》，前引，第 221 页。

② 同上。

③ 《今日苏丹》，1976 年 10 月，第 4 卷，专题报道，“中苏关系化悲痛为力量”，第 5 页。

④ 笔者与苏丹外长阿里·艾哈迈德·萨赫卢勒的会面，1993 年 1 月，北京，苏丹驻华使馆。萨赫卢勒外长曾于 1971 年作为代表团一员访问了中国。

的宴会。[①] 因为依照外交惯例，只有当一国元首想要向别国或特定的地区、国际大国传达一种非同寻常的信息时，才会出席使馆所举办的国庆宴会。

1971 年 7 月政变失败、苏丹政局稳定后，苏丹恢复了在非洲所起的外交作用。由于中方对苏方持续的援助，对中国领导层比较了解的苏丹政府开始开展频繁的外交接触，为中国与其他非洲国家的互相接近与了解牵线搭桥。苏丹成功说服了乍得共和国与台湾的“中华民国”政府断交，并承认中华人民共和国。尼迈里总统亲自向中国领导人转达了乍得同意与台湾“中华民国”政府断交并与中国建立外交关系的消息。[②] 1971 年 8 月，苏丹宣布反对美国国务卿罗杰斯的声明，该声明宣称美国同意在保留台湾“中华民国”政府的联合国成员资格的前提下，恢复中华人民共和国在联合国的成员资格，同时还表示，只有在 2/3 的成员国同意的情况下，才会将台湾驱逐出联合国。苏丹外长表示，罗杰斯声明毫无意义，苏丹坚持 1971 年 5 月苏丹代表团向联合国大会提交的声明，强调只有一个中国，其首都为北京，只有它才能作为全中国 8 亿人口的真正代表。[③] 苏丹代表即外长曼苏尔·哈立德博士参加了阿尔及利亚与阿尔巴尼亚代表的会议，共同筹备要求联合国恢复中国在该组织内的合法席位的提案（简称“两阿提案”）。苏丹外长宣布，苏丹、阿尔巴尼亚、阿尔及利亚绝对不会更改提案中的任何一个字。[④] 该提

---

① 萨丽·安·贝纳德：《尼迈里统治时期（1969—1982）苏丹的对外政策》，前引，第 220 页。

② 附信，第 1/6/S/1 号，1971 年 8 月 25 日，1971 年 8 月 22 日《苏丹外交部长与中国驻苏丹大使会晤纪要》，喀土穆。

③ 同上。

④ 同上。

案由阿尔及利亚与阿尔巴尼亚及 20 个国家共同提出，并呈交至联合国于 1971 年 10 月 25 日召开的第 26 届联大会议进行投票。大会以 76 票赞成、35 票反对、17 票弃权的结果通过了该提案，[1] 一位曾参加此次会议的中国外交官说道，该提案的顺利通过几乎将整个原本庄严肃穆的会场变成了一个舞会，现场洋溢着欢乐的气氛，而这在联合国大会的历史上实属罕见。

提案刚一通过，中国在联合国的国际友人们立刻表达了他们对该决议通过的喜悦之情，欢迎中国作为新朋友加入这个国际组织。苏丹外交部次长兼苏丹代表团副团长法赫尔丁·穆罕默德在欢迎辞中说道：“在我们之中，有这样的政府，它一直为了反对殖民主义、霸权主义而战，为了世界人民的尊严而战，为了所有大的或是小的民族而战。”[2] 当时一些国家对中华人民共和国能否代表全中国表示质疑，而西方势力也声称中国进入联合国会带来负面影响，针对这些说法，他予以有力驳斥。在重点提到中华人民共和国对发展中国家所采取的政策时，他说道：“中华人民共和国在非洲人民为了自由和尊严而战时为我们提供支持，却从不干涉内政，所有这些我们都亲眼目睹。”随后，他以苏丹的亲身经历为例，向其他国家阐明了作为大国的中国如何与作为发展中国家的苏丹和平共处，他说道：“在与中华人民共和国的缔结的关系中，苏丹获得了可贵的经验，两国的关系历经多年，却从未发生过其他大国与小国相处时发生的摩擦，中国对我国的友情不求回报，堪称楷模，中国的援助不计得失，极为可贵。”[3] 曾亲身参加了“两阿提案”的拟定委员

---

① 当代中国外交编委会，《当代中国外交》，New Horizon Press，香港，1990 年版，第 395 页。

② 《北京周报》，1971 年 11 月 19 日，第 47 期，第 32 页。

③ 同上。

会的苏丹外长曼苏尔·哈立德博士，借提案胜利通过之时向中国外交部代部长姬鹏飞发去贺电："中国进入联合国是联合国的胜利，是为了崇高事业的联合国宪章的胜利，也是人道主义的胜利，因为20年后，这个巨大的错误终于得以纠正。为了中国恢复联合国席位而努力奋斗的苏丹政府和人民，在国际社会终于承认你们伟大的国家之际，与你们同享这份欢乐，我们两国的友谊也必将找到更广阔的合作空间。"①

由此可见，苏丹参加了"两阿提案"的筹备工作，切实支持了中国恢复联合国席位的斗争，并在国际社会捍卫中华人民共和国，坚决驳斥台湾当局及西方国家的指责。中国驻喀土穆使馆临时代办于1971年11月17日向负责苏丹内阁事务部长转达了毛泽东主席对苏丹政府及人民的谢意，感谢苏丹在中国恢复联合国合法席位中所做的贡献。

在两国关系亲密友好的氛围中，1970年12月20日，两国签订了新的经济、技术合作协定。根据协定内容，中国向苏丹提供1亿人民币的贷款（4064万美元），贷款期限为15年。与此前提供的贷款一样，这笔贷款为无息贷款，用于苏丹工程项目的建设。协定规定，中国应向苏丹出口普通商品并在苏丹市场售卖，获取当地货币，以抵偿在当地实施工程所产生的费用。②

中国向苏丹提供的两笔贷款还款期为10年，豁免期为15年，该贷款以苏丹出口商品偿还，中国在苏丹工程所产生的费

---

① 《北京周报》，1971年11月19日，第47期，第32页。

② 财政部备忘录及国民经济规划，规划部，1976年11月23日喀土穆，37/2/101/T A w号，规划部部长纳赛尔丁致大使的备忘录，北京，题为《中国向苏丹提供的贷款》，苏丹外交部档案。

用由中国在苏丹出售商品的收入抵偿。① 如果加上中方向苏方提供的第二笔贷款，那么中方提供的贷款总额为2亿元人民币（8128万美元）。这两笔贷款将用于6个经济项目的建设，并拟定了工程执行计划的议定书。这些项目为：

1. 迈达尼市至卡道里夫市的公路以及罕图布大桥；

2. 在哈萨黑萨（al-Ḥuṣāyḥīṣā 又译为哈萨海萨）建友谊纺织工厂；

3. 建友谊厅；

4. 扩大在苏丹南部乌韦勒地区的水稻种植；

5. 在苏丹东部勘探铬矿；

6. 开发努比亚湖渔业资源。②

几十名中国专家、技术人员及医生奔赴苏丹，为苏丹的发展与建设计划做贡献。一些科学勘探和研究小组着手收集数据，分析项目的经济效益。大量中国技术人员切实开展了项目实施。这些专家与苏丹人民和政府之间的合作十分默契，中国共产党的党报《人民日报》曾在1972年3月9日发表题为《苏丹的未来尼罗河缔结的中苏友谊》的文章，其中提到苏丹工人与技术人员和中国专家在尼罗河畔开展的各个新项目中均亲密无间地合作。文章指出，为了履行1970年8月所签订的经济、技术合作协定，中国的专家及技术人员小组自1971年底便开始投身于10个项目的建设。文章提到，苏丹的农民和工人对这些中国客人极为尊重，并报道了双方的合作等事迹，文章还指出，中国技术小组不管前往苏丹的任何地方，均受到当地人民的热烈欢迎。这篇文

① 财政部备忘录及国民经济规划，规划部，1976年11月23日喀土穆，37/2/101/T A w号，规划部部长纳赛尔丁致大使的备忘录，北京，题为《中国向苏丹提供的贷款》，苏丹外交部档案。

② 同上。

章在这份中国最重要的官方报纸中几乎占了半个版面。①

两国的关系稳固发展，中国对苏丹的支持从未间断。1972年3月15日，中国向苏丹赠送了15台无线接收器以及5台发射器。② 1972年4月的第一个星期，由7名专家组成的水稻种植技术小组抵达了苏丹，传授水稻种植技术并提供帮助。③ 此外，中国派遣代表团前往苏丹参加苏丹第三个节日（即庆祝五月革命）的庆祝会，在苏丹逗留期间，该代表团于1972年5月27日签署了两个新的贸易议定书，据此，两国的贸易往来达2.8千万英镑。④

为了贯彻实施向苏丹援助的大型项目，在1972年至1973年间，中国与苏丹保持了密切的往来。中国邀请苏丹负责半岛项目的干部来中国参加水稻种植的培训，并邀请苏丹技术人员来华，为其能在哈萨黑萨纺织厂顺利工作而进行培训。⑤ 1973年1月25日，两国交换了在瓦迪哈勒法建造捕鱼船以及储存鱼类的工厂的备忘录。⑥ 苏丹官方文件对此的解释更为详细。该文件提到，在哈勒法古城建造生产力可达日均10吨—15吨的制冰

---

① 《人民日报》，1972年3月9日，第6版，文章标题为“苏丹的未来尼罗河缔结的中苏友谊”。

② 附信，WH/1/6/T/1号，1972年3月18日，苏丹外长曼苏尔·哈立德与中国驻苏丹喀土穆大使于1972年3月18日的会谈纪要，苏丹外交部档案。

③ 外交部次长致农业部次长的信，1972年4月13日，1/SH/A/64：KHW号，题为《中国水稻种植技术小组》，苏丹外交部档案。

④ 苏丹驻华大使致外交部次长的信，1972年5月13日，15/A/BSS号，也可参见穆巴拉克·奥斯曼·拉赫麦大使在加法尔·穆罕默德·尼迈里总统访华期间就苏中关系所编写的档案，第3页。

⑤ 苏丹驻华使馆二秘萨拉赫·穆罕默德·艾哈迈德编写的报告，题为《苏丹与中国的文化交流》，呈交喀土穆的外交部次长，1977年4月7日，A/1/1/BSS号。

⑥ 巴特克·沃尔夫冈（Bartke Wolfgang），《经济目标，从中华人民共和国到发展中社会主义国家》，亚洲事务中心，汉堡，1989年，第121页。

工厂，在瓦迪哈勒法及阿特巴拉河分别建造储量为 6 吨的冷库，建造船只、捕鱼器械的修理厂，建设水电站，为该项目配备 35 艘捕鱼船以及 5 艘装载量为 10 吨的运输船。为了就经济援助、增进两国经济往来以及寻求新的贷款与中方开展进一步的对话，财政与国民经济部部长于 1973 年 7 月 1 日至 6 日率经济代表团出访中国，随行人员包括政治局成员兼社会主义联盟思想及方法论秘书艾哈迈德·阿卜杜·哈利姆。同年 7 月 1 日，苏中双方开始正式讨论，中方对外贸易部革委会主任（部长）白相国主持会议，苏方以财政与国民经济部部长易卜拉欣·穆恩伊姆·曼苏尔为主席，并确定了苏方想要探讨的议题，即增进两国的贸易往来、实施第一笔贷款中的项目、就两国签署的两个经济技术合作协定进行商谈、就尼迈里总统预计于当年执行的居住计划申请第三笔贷款、启动第二笔贷款用于建造卡萨拉（Kassāla）至卡道里夫的道路以及吸取中国经验发展繁荣苏丹农村。①

在贸易方面，由于苏丹从印度进口茶叶出现了某些问题，因此中方同意将茶叶的出口额提高至 375 万英镑。尽管中国为糖类进口国，但中国贸易部还是同意从国内需求中向苏丹调拨 1.5 万吨糖。双方对货物在两国运输，特别货物如何在苏丹市场要求的期限内送抵以及保证商品价格平稳、不贸然提价的问题进行了商讨。两国还达成协议，中国增加从苏丹进口芝麻及棉花。②

---

① 财政与国民经济部部长易卜拉欣·穆恩伊姆·曼苏尔的报告，1973 年 8 月 5 日，60—164/WAMW 号，题为《经济代表团在中华人民共和国的研讨》，财政与国民经济部档案，也可参见苏丹外交部长致苏丹驻华大使馆递交报告的附件，1973 年 8 月 14 日，1/S/A/64/KHW 号，财政与国民经济部档案。

② 同上。

1973年7月3日，两国就经济、技术合作进行讨论。中方由对外经济联络部副部长李克担任主席，苏丹表明，希望第二期贷款能用于以下工程的建设：

1. 农具厂；
2. 鱼类冷冻厂；
3. 船只及渔具修理厂；
4. 建造40艘捕鱼船；
5. 建三座仓库，用于鱼类保存；
6. 勘探铬矿；
7. 苏丹的水稻种植。

苏方希望能将第二批贷款中的一部分用于卡萨拉至卡道里夫的道路建设。这条道路总长为193公里，预计花费约850万苏丹镑。由于这条道路的土质研究尚未完成，因此中方并未实施该工程，并表示，如果中方发现其土质与迈达尼市至卡道里夫市公路的土质相似，便立刻开始动工。① 双方并未就尼迈里总统提出的居住计划及农具厂的建设方案达成共识。②

1973年7月4日，中方由对外贸易部部长、苏方由财政与国民经济部部长代表共同签署了《一九七三年贸易议定书》。③该议定书规定双方应交换的贸易额为1500万英镑。

1973年，中方向苏丹提供的第一批及第二批贷款开始逐一

---

① 财政与国民经济部部长易卜拉欣·穆恩伊姆·曼苏尔的报告，1973年8月5日，60—164/WAMW号，题为《经济代表团在中华人民共和国的研讨》，财政与国民经济部档案，也可参见苏丹外交部长致苏丹驻华大使馆递交报告的附件，1973年8月14日，1/S/A/64/KHW号，财政与国民经济部档案。中方在完成对土质的测量后未能实施该工程。该工程后由一家南斯拉夫公司完成。

② 同上。

③ 1973年7月4日《苏丹民主共和国与中华人民共和国的经济议定书全文》，北京，苏丹外交部档案之苏丹驻华使馆特别档案。

落到实处。1973 年 3 月，迈达尼市至卡道里夫市的公路开始修建，并于 1977 年 3 月得以通车。500 名中国专家及技术工人与 1000 名苏丹工人为这条道路的建设洒下汗水。友谊厅的建设项目也开始上马。中国专家在半岛的两个地区苏丹南部的乌韦勒两地开展了水稻种植试验，这一系列试验获得了前所未有的成功，这足以证明苏丹借鉴中国的水稻种植技术的可能性。① 1973 年 9 月，中国专家展开了在苏丹东部开采铬矿的初期勘探工作。②

早在 1973 年 9 月苏丹外交部就编撰了一份对中国专家自 1971 年至 1973 年开展工作进行评估的内部报告，表达了苏方领导人对此的赞赏，认为中方经济、技术合作项目的负责人具有高度的责任感，他们与苏方亲密合作，工作卓有成效，堪称模范。③

1973 年，在地区及国际问题上，苏丹在外交方面仍然支持中国。苏丹在成功说服乍得与台湾断交后，1973 年 12 月，中国请苏丹继续努力说服那些尚未承认中华人民共和国的非洲国家与不合法的台湾政府断交，并承认以北京为首都的中华人民共和国政府。此外，中国还希望苏丹能劝服海湾地区的阿拉伯国家为了该地区人民的利益而承认中华人民共和国。④ 值得一提的是，1972 年 7 月，苏丹与美国复交，并于当年年末与苏联实现关系正常化。我们不妨大胆猜测，苏丹与美国实现关系正常化

---

① 苏丹外交部致苏丹驻华使馆的备忘录，1973 年 9 月 30 日，第 1/SHRA/64/KHW 号，题为“苏丹与中华人民共和国的经济、贸易、文化关系”，苏丹驻华使馆档案。

② 同上。

③ 同上。

④ 苏丹外交部次长致苏丹驻华大使的信，题为“转达中国领导人向加法尔·尼迈里总统的谢意”，附件为 1972 年 9 月 18 日外交部代部长与中国驻苏丹大使的会晤纪要，苏丹外交部档案。

之前，也许曾征求过中国友人的意见，或许换而言之，这一步是在中国的鼓励下迈出的，至少中国对此并不反对，因为当时中国也正试图与美国实现邦交正常化。美国总统理查德·尼克松于1972年抵达中国，并在访问期间宣布了著名的《上海公报》。该公报旨在实现美中关系正常化，美国承认台湾是中华人民共和国不可分割的一部分，并强调将以和平手段解决中美两国的争端。① 苏丹的官方文件指出，苏丹曾向中方承诺，苏丹与两个超级大国实现关系正常化绝不会以影响苏中关系为代价。

对于两国紧密而特殊的关系，我们可以举例证明。苏丹外交部长曼苏尔·哈立德与驻喀土穆的诸外国使节举行会晤，通报了南部问题的最新进展及与苏丹南部的反对党签署和平议定书的相关事宜。此后，他又于1972年3月9日单独召见了中国驻喀土穆大使，特别向他解释了最近在亚的斯亚贝巴的最新事态。中国大使向苏丹外交部长表示祝贺，庆祝苏丹胜利实现和平，并宣布一个中国医疗小组将奔赴苏丹南部工作，农业专家小组也将前往苏丹南部开展水稻种植试验。事实上，在会晤后中国加快了援助的速度，并积极投身到使苏丹南部居民重返家园的工作中去。②

然而1973年末，苏联与中国在国际舞台上的冲突日益尖锐。作为国际社会的一员，苏丹也深受影响。出于对冲突后果的考虑，苏丹外交部不得不对中国及苏联驻苏丹大使的活动加

---

① 加法尔·凯拉尔·艾哈迈德："中美关系与东南亚迫在眉睫的冲突"，载于《战略研究》，喀土穆战略研究中心，1997年1月8日，第24—25页。

② 苏丹外交部次长致苏丹驻华大使的信，第1/T/J/A/KHW号，附件为外交部代部长曼苏尔·哈立德与中华人民共和国驻喀土穆大使的会谈纪要，1972年3月9日，苏丹外交部档案。也可参见萨丽·安·贝纳德，《尼迈里统治时期（1969—1982）苏丹的对外政策》，前引，第219—220页。

以限制。苏丹外交部在分别致驻两国大使的信中说道：中国与苏联的争端已不再局限于地理上的边界，而是超过了传统冲突的范围。两国采取了包括新闻攻势在内的多种手段，该倾向已蔓延至苏丹国内，这与其外交传统相悖。信中指出，有必要就此事与中国当局进行磋商，并指出驻喀土穆的中国使馆与苏联使馆之间由新闻攻势而引起的冲突是不合理的，苏丹对这种行为表示不满。①

随着中国与苏联两国宣传战的升级，苏联驻喀土穆使馆向苏丹外交部提出申诉，对中方在喀土穆发起的反苏联的宣传战感到不满。② 苏丹外交部也确实与中国驻喀土穆大使就此事进行交涉。在会谈中，对苏联驻喀土穆大使馆散布多条敌对中国的新闻的行为以及苏联国家主席勃列日涅夫攻击中国外交政策的演讲，中方表示强烈愤慨，③ 并指出，中国与苏丹一直致力于反对以美国及苏联为首的世界帝国主义。但苏丹外交部的新闻司司长打断了中方的谈话，并强调，苏丹外交部禁止不同国家的使团在苏丹境内发表互相攻击的公告，希望中方能依此行事。然而对停止反苏联的宣传战这一点，中方并不赞同。中国驻喀土穆大使说道，他本人曾于 1971 年 7 月 19 日拜访了尼迈里总统，总统对他说，苏联是一个帝国主义国家。大使对苏丹的做法表示质疑，因为既然苏丹的官方报纸与苏联针锋相对，那其他使馆也应有这样的权利。④

---

①　苏丹外交部次长致苏丹驻华大使及驻莫斯科大使的信，1973 年 12 月 27 日，第 B/3/4/W/36/KHW 号。

②　外交部致苏丹驻华使馆的信，1973 年 12 月 27 日，第 B/3/4/W/36/KHW 号，附件为苏联驻喀土穆大使与苏丹新闻司司长于 1973 年 12 月 15 日的会谈纪要以及中国驻喀土穆大使与苏丹新闻司司长的会谈纪要。

③　同上。

④　同上。

苏丹外交部经过调查，确定苏联发行了多期刊登指责中国中东政策文章的刊物，因此多次对苏联大使提出警告。而苏联却一意孤行，并声称苏联有权对中国驻喀土穆大使馆发动的反苏联宣传攻势予以回击。苏丹外交部坚持认为苏联应自我约束，应遵照苏丹外交部于 1970 年 9 月及 1973 年 12 月印发的公告开展其外事活动，即不允许任何一国外交使团在苏丹领土内诋毁别国使团。① 在与苏丹外交部新闻司司长的会谈上，苏联大使显得十分焦躁，在会谈结束时，他说道，如果中国继续对苏联发动宣传攻势的话，他将不得不把此事上报给苏联政府。②

在当时苏丹与苏联关系跌至谷底的情况下，苏丹并不关注与苏联发展友好关系，苏丹的官方报纸也经常刊载对苏联充满敌意的文章。然而在这个问题上，让苏丹政府为难并且有可能由此产生误会，进而有损中国与苏丹关系的是：中国驻喀土穆大使当时并不了解苏丹当局为何坚持要两国大使馆停止在苏丹境内进行宣传战，中国大使明确表示他并不理解苏丹政府的用意，因此他当时曾向苏丹外交部负责人表示，他认为在中国与苏丹关系中出现了一些变数，他将把此事通报中国政府。苏方负责人对此表示坚决反对，并说道，这个问题只是小事，不会损害两国日益发展的友好关系。③

虽然如此，苏丹外交部仍然坚持在报告中采取强硬的措辞，不允许将苏丹变成中国与苏联或其他国家意识形态斗争的战场。④

---

① 外交部致苏丹驻华使馆的信，1973 年 12 月 27 日，第 B/3/4/W/36/KHW 号，附件为苏联驻喀土穆大使与苏丹新闻司司长于 1973 年 12 月 15 日的会谈纪要以及中国驻喀土穆大使与苏丹新闻司司长的会谈纪要。

② 同上。

③ 同上。

④ 同上。

尽管发生此事，当苏联向联合国安理会提出摒弃武力解决国际争端、禁止使用原子弹的决议时，中国仍于 1973 年 4 月 8 日向苏丹表示，希望苏丹能在联合国内支持中国的立场。中国认为苏联提出此建议并非出自真诚，因为苏联一直在地下或太空中进行核试验，他们要求停止核试验的建议完全是对国际社会的欺骗，其目的是为了垄断核武器。在中国看来，苏联是帝国主义国家，中国绝不会落入它的圈套。中国向苏丹传达了中方的看法，希望苏丹代表团能在联合国支持中方立场，并表示，苏联提出的用和平手段解决国际争端的要求无异于让巴勒斯坦人民在以色列侵略者面前束手就擒。苏丹外交部次长向中国驻喀土穆大使表示，苏丹代表团会理智处理这个问题，对帝国主义国家、敌对国家侵略小国或者剥夺其选择捍卫领土手段的合法权益，苏丹有着明确的立场。① 虽然苏丹究竟在这个问题上采取何种立场在当时还不明确，但可以清楚地看到，两国之间暂时的摩擦和误会丝毫没有妨害苏丹与中国继续发展友谊，这一点让苏联感到尤为不满，以致于在苏丹大使法赫尔丁·穆罕默德于莫斯科与一些苏联领导人会谈时，一个苏联共产党的中央委员会委员竟然直接向他发问，表示他们非常想知道苏丹与中国的友好关系是否意味着苏丹政府在意识形态上支持毛泽东路线。②

在 1974 年 1 月 12 日至 14 日于喀土穆召开的苏丹外长第二次会议上，苏方对两国的关系表示赞扬，指出中国正在苏丹实施大量重要工程，中方提出的条件极为简单，是别国未能提供

---

① 苏丹外交部致苏丹驻华大使的信，1973 年 4 月 9 日，1/SH/J/A/KHW 号，附件为外交部次长于中国驻喀土穆大使于 1973 年 4 月 8 日晨的会谈纪要副本，苏丹外交部档案。

② 苏丹外交部，1974 年 1 月 12—14 日，苏丹大使第二次会议报告，第二部分，第 31 页，正本保存于苏丹外交部档案，笔者存有副本。

的，并对中国在非洲的政策以及对非洲的解放运动的支持与帮助表示赞赏。①

在一次大会上，当讨论苏联对该地区政策时，苏丹外长曼苏尔·哈立德又一次赞扬了中国在该地区所采取的政策，他说道："我们不得不提到我们与中华人民共和国之间来往的经验，因为这份友谊源于信任，在我最近一次访华中，我曾要求中国的周恩来总理能允许中国共产党的代表团参加苏丹社会主义联盟第一次全民大会的工作，但周总理却推辞了，他表示中国无意参加苏丹人民庆祝的国民节日，也无法派遣代表团参加苏丹的党内工作。因为这与信仰有关，他们与我们在这一点上存在分歧。如果他们不顾两种体制意识形态上的分歧而派遣共产党的代表团，那么这就显得非常不真诚。"②

苏丹外长所赞扬的，正是中国对苏丹以及非洲的政策。值得注意的是，在这样重要的大会上对一国如此赞扬实属罕见。③

1974 年，中国继续关注苏丹南部的局势。这表现为对 1972 年的《亚的斯亚贝巴协议》④ 的支持；中方派遣医疗小组前往苏丹南部的城镇村庄；于 1974 年 10 月通过中国红十字会向当地捐赠了 1000 吨玉米，以救助苏丹南部遭受洪灾的难民。

正当苏中关系发展蒸蒸日上并寻求更多合作之际，苏丹惊

---

① 苏丹外交部，1974 年 1 月 12—14 日，苏丹大使第二次会议报告，第二部分，第 31 页，正本保存于苏丹外交部档案，笔者存有副本。

② 同上。

③ 外交部部长杰马勒·穆罕默德·艾哈迈德与中国驻喀土穆大使于 1974 年 10 月 24 日晨的会谈纪要，苏丹外交部档案。

④ 1955 年 12 月苏丹独立，喀土穆当局随后宣布伊斯兰教为国教，对南方各族实行歧视和高压统治，导致第一次苏丹内战（1955—1973 年）爆发。1972 年 3 月，《亚的斯亚贝巴协议》，第一次内战结束。根据协议，南苏丹停止武装斗争，换取一定的自治权。——译者注。

悉周恩来总理逝世的噩耗，周恩来是中国最伟大的民族革命家之一，也是发展中苏关系中极为重要的人物。他的逝世使苏丹失去了一位最好的中国朋友。加法尔·尼迈里总统在向中国全国人民代表大会常务委员会委员长朱德发去的唁电中表示了深切哀悼，认为周总理的辞世是一个巨大损失。①

周恩来总理的逝世不仅使苏丹失去了一位一直支持苏丹建设发展的挚友，也使所有发展中国家失去了一位坚决捍卫其自由、进步、和平、发展事业的挚友。

尽管举国沉浸在痛失敬爱领导人的悲痛中，但在面对苏丹右翼反对派武装分子在喀土穆中心发起的旨在推翻加法尔·尼迈里政府行动时，中国仍然不忘加以谴责。中国的官方通讯社新华社在其主要评论文章中谴责了这次行动，并再次指出苏联无法与该事件脱离干系，因为这些在喀土穆大街上的反对者使用的正是苏联武器。②

中国不仅通过其宣传机构，而且还在其领导人与苏丹同仁的会晤中不断对该事件加以谴责。③ 喀土穆的领导层认为，当中国孤立无援，且其统治在周边邻国看来有所动摇的情况下，中国却仍能对苏丹表示政治支持，这一点尤为难能可贵。

然而新的打击再次让中国陷入悲痛。1976 年 9 月，中国伟大领袖毛泽东溘然长逝。几十名苏丹领导人来到喀土穆中国使馆参加吊唁，其中有苏丹副总统兼总理拉希德·塔希尔·伯克

---

① 《北京周报》，1976 年 1 月 23 日，第 19 卷，第 4 期，第 36 页。

② 《北京周报》，1976 年 1 月 23 日，第 19 卷，第 4 期，第 16—20 页。也可参见《北京周报》，1977 年 11 月 25 日，第 20 卷，第 48 期，第 24 页，文章“档案中的事实，记苏联在非洲的失败”。

③ 苏丹驻华使馆向苏丹外交部呈交的报告，1977 年 4 月 4 日，第 3/1/BSS 号，宣传报告。题为《中方报纸中的尼迈里总统之行及四方峰会》，苏丹外使馆档案，北京，宣传文件。

尔、总统的对外事务及合作助理曼苏尔·哈立德博士、苏丹人民委员会发言人阿拉布·尤尔。[①] 吊唁活动在庄严肃穆的氛围中进行，这既反映了中国与苏丹交往的密切，也彰显了苏丹人民忠诚坚贞、感恩图报的品格。几千名来自不同阶层、不同背景的苏丹人自发来到中国驻喀土穆大使馆以及中国专家和技术人员的住所之外，表达他们对中国领袖逝世的哀悼。[②] 而苏丹政府也立刻作出反应，宣布苏丹举国哀悼三日，此举充分表明了两国之间官方及民间的深厚友谊。[③]

苏丹和所有发展中国家再次失去了一位穷其一生献身于中国革命、为解放事业孜孜不倦与国际帝国主义、霸权主义做斗争的挚友，当这位伟大的国际领袖、苏丹人民的挚友与世长辞时，苏丹自官方至民间都沉浸在悲痛中。

自 1959 年 2 月两国建交至两国关系平稳发展，周总理与毛主席一直为发展这种关系而积极努力。然而 1976 年 1 月—1976 年 9 月这短短几个月间，苏丹接连失去了两位最忠贞的革命友人。

一些观察员注意到，在这个时期，中国非常重视参加庆祝尼迈里总统执政的庆典活动，甚至有时还派文艺团体远赴苏丹表演。1976 年 5 月，随文艺代表团出访苏丹的还包括对外经济联络部部长方毅。[④] 1976 年，苏丹社会主义联盟召开了第二次全国大会，大会向中华人民共和国表示感谢时提到，社会主义联盟第二次全国大会在友谊厅召开，正是为了纪念苏中人民缔

---

① 《北京周报》，1976 年 9 月 30 日，第 19 卷，第 40 期，第 49 页。

② 同上。

③ 《今日苏丹》，1976 年 10 月，第 1 卷，第 4 期，第 4 页。

④ 《今日苏丹》，1976 年 6 月，第 30 页，或 1976 年 10 月，第 6 页。也可参见苏丹驻华大使穆巴拉克·奥斯曼·拉赫曼关于苏中关系向苏丹外交部提交的档案，1977 年 9 月，苏丹驻华使馆档案。

结的友好合作关系，这座矗立在尼罗河畔的友谊厅恰是双方友谊的最好见证。苏方向为这座伟大工程友谊厅的建造而付出辛勤劳动的中国专家团表示感谢，同时也对带领英勇的中国人民为自由、建设与进步而光荣战斗的毛泽东主席表示深切哀悼。[①]中国是唯一一个由全国大会对其致以崇高敬意的国家，也是唯一一个要求全国大会清除在红海海域的外国基地的国家。[②]

以上便是那段时期中苏两国之间政治关系的综述。在贸易往来方面，两国于 1971—1976 年之间签订了一系列贸易议定书。[③] 苏丹驻华大使提交的报告指出，贸易议定书中的贸易额正稳步增长，例如，财政与国民经济部部长于 1973 年 6 月 4 日访华时签订的《一九七三年贸易议定书》中的贸易额已达 3000 万英镑，即双方各 1500 万英镑，比 1972 年所签订的议定书增加了 100 万英镑。[④] 财政与国民经济部代表团曾与喀土穆的中国商务专员会晤，讨论两国的贸易往来情况，并为 1974 年的议定书签署做准备。在这次会谈中，中方建议增加中国向苏丹出口的茶叶及建筑材料，同时建议苏丹提高向中国出口棉花的数量，即在 1974 年的议定书中，将 1973 年的 1350 万英镑提高至 1650 万英镑，并建议增加铬的出口量，苏方完全采纳了中方的建议。[⑤] 1974 年 2 月 9 日，双方在喀土穆签署了《中华

---

① 《1975—1976 年苏丹外交部政策书》，外交部编撰，喀土穆大学出版社，第二版，1979 年，第 101 页。

② 中国新华社，1977 年 2 月 7 日。

③ 苏丹驻华使馆致苏丹外交部次长的信，1972 年 5 与 13 日，15/A/1/BSS 号，也可参见穆巴拉克·奥斯曼·拉赫曼大使在加法尔·穆罕默德·尼迈里总统出访之际关于苏中关系的报告，前引，第 3 页。

④ 《苏丹共和国政府和中华人民共和国政府一九七三年贸易议定书》，签订于喀土穆，1973 年 7 月 4 日。

⑤ 东欧司向苏丹外交部长先生提交的报告，1974 年 1 月 16 日，9/SH/A/A/KHW 号，苏丹外交部档案，喀土穆。

人民共和国政府和苏丹共和国政府一九七四年贸易议定书》，事实上，根据议定书内容，贸易总额达到了3600万英镑，即双方各1800万英镑，中方增加了铬的进口量，而苏方也增加了糖与大米的进口量。[①] 1973年，中国将从苏丹的进口商品额提高至2150万苏丹镑，苏丹经济学者阿里·阿卜杜拉认为这一比例占当年苏丹在世界市场上出口棉花总额的26%，相当于苏丹当年出口总额的13.6%。[②] 中国从苏丹大量进口棉花的同时，苏联却逐渐减少对苏丹棉花的购入，1972年苏联仅购入50万苏丹镑，至1973年则完全停止收购。[③] 1974年，中华人民共和国已成为苏丹的第二大贸易伙伴，与苏丹的贸易总额达9574万美元。苏丹对中国的出口额为6511万美元，进口额为3963万美元，这也就是说，苏丹获得了约1700万美元的贸易顺差。[④] 苏丹贸易部撰写的经济报告指出，在签署《中华人民共和国政府和苏丹共和国政府一九七五年贸易议定书》后，双方的贸易额超过了该议定书所规定的份额。根据当年的统计，苏丹共向中国出口了高达2246万英镑的货物，而这份于1975年4月5日所签署的《一九七五年贸易议定书》中，双方就此达成的协议仅为1800万英镑。而中国向苏丹的出口额也超过了该议定书中的额度。值得一提的是，中国的贸易数据指出，两国在1976年的贸易往来达5984万美元，其中中方的出口额为2818万美元，

---

① 《苏丹共和国政府和中华人民共和国政府一九七四年贸易议定书》，签订于1974年2月9日，苏丹外交部档案，喀土穆。

② 阿里·阿卜杜拉：《苏丹与中华人民共和国贸易及援助评估》。经济及社会研究委员会，第29号公告，喀土穆，1976年4月7日，第6页。

③ 同上。

④ 中国对外经济关系及贸易年鉴编辑部：《中国对外经济关系及贸易年鉴，1984年》，北京，中国广告有限公司，香港，第869页。

进口额为 3161 万美元,[1] 由此可见,双方实际的贸易额再次超过了 1976 年 4 月所签订的《一九七六年贸易议定书》中的额度,达到 5984 万美元,其中苏丹出口额为 3161 万美元,中方的出口额为 2818 万美元。[2] 1977 年,该贸易额持续增长,达 9398 万美元,其中苏丹出口额为 5186 万美元,[3] 自 1955 年开展贸易往来后,双方于 1975 年达到了贸易额的最高点。[4]

双方之所以能够在 1975 年与 1976 年分别签订的贸易议定书的具体实施过程中超越其既定目标,完全是因为双方均怀有大力发展两国商贸关系的美好愿望,以及出于对议定书中商品的迫切需求。为了增进双方的贸易往来,扩大两国的贸易往来范围,1973 年 5 月 28 日,苏丹航运代表团借访华之际,与中方签订了为苏丹轮船停靠中国港口提供便利的相关条约。[5] 然而遗憾的是,直至本书终稿前,该条约还未真正付诸实施。

在经济、技术合作方面,我们可以发现,中国援建的许多大型工程在这一时期完工,例如,1976 年 5 月友谊厅落成,[6] 1976 年 2 月哈萨黑萨的友谊纺织厂建成,[7] 迈达尼市至卡道里

---

① 《苏丹贸易部关于中苏贸易关系的备忘录》,前引,也可参见本书附录中表 1。

② 《中国对外经济关系及贸易年鉴,1984 年》,前引,第 869 页。

③ 同上。

④ 同上。

⑤ 苏丹驻华大使致苏丹外交部次长先生的信,1973 年 6 月 15 日,15/A/1/BSS 号,题为“苏丹航运代表团访华”,苏丹外交部档案,北京。也可参见苏丹外交部次长致苏丹驻华大使馆的信,1973 年 8 月 26 日,D/THRA/64KHW 号,题为《苏丹航运与中国的条约》。

⑥ 《今日苏丹》,1976 年 6 月,前引,第 30 页。

⑦ 1977 年 3 月 13 日,《喀土穆部长就苏丹民主共和国与中华人民共和国的合作前景召开的会议之纪要》,苏丹外交部档案。

夫市公路的主要路段以及罕图布大桥交付使用。[①] 同年，努比亚湖的渔业项目开始上马。[②] 然而在1976年年底，中方通过驻喀土穆的经济参赞向苏丹表示，中国不想介入铬的勘探及开采项目，并提议苏方寻求有更高技术能力以及更多资金合作方进行该项目的实施。此前，中国专家已经开展了该项目的研究工作，于1974年年初便开始在青尼罗河的穆迪利亚（Mudiriya）的因吉散那（Ingessana）山区以及卡萨拉市的奈赫勒堡（Qala’An-Nahl）勘探铬矿储量。[③]

在军事合作方面，继1971年苏丹国防部长哈桑·阿巴斯访华以后，中国不断向苏丹提供军事援助，为了增进两国的军事关系，两国于1972年在喀土穆和北京互设武官处，在此之前，两国签署的军事议定书均由中国驻喀土穆大使馆负责。[④] 1973年，苏丹空军的7名军官以及7名学员来到北京进行军事训练，[⑤] 1975年5月，中国军事代表团访问苏丹，同年10月，由塔基·希尔·艾哈迈德·迈格布勒少将率苏丹军事代表团访问中国，并于1975年10月13日与中共产党中央军事委员会副主席、国防部部长叶剑英举行会晤，与会的还有中国人民解放军总参谋部的副总参谋长李达。军事代表的出访正值中国国庆26周年，代表团的主要任务是与中方就苏丹军方此前提出的要求

---

① 苏丹驻华大使穆巴拉克·奥斯曼·拉赫曼致苏丹外交部次长的信，1977年3月28日，1/2/BSS号，题为《苏丹与中国的经贸关系》，苏丹驻华大使馆档案。

② 同上。

③ 苏丹工业部长白德尔丁·苏莱曼致苏丹驻华大使穆巴拉克·奥斯曼·拉赫曼的信，1977年1月12日，外交部档案。

④ 阿卜杜·嘎迪尔·巴希尔参谋长、哈桑·易卜拉欣·贾德·克里姆："苏丹民主共和国与中华人民共和国关系对苏丹武装部队发展的影响"，《向最高军事研究会提交的研究报告》，国防部，第12期，第65页。

⑤ 苏丹驻华大使馆致外交部次长先生的信，1973年2与28日，A/1/1/BSS号，苏丹外交部档案。

进行商谈。然而这次中方却婉拒了向苏丹提供武器装备的要求，并指出，除了支持解放运动外，国际社会向中国提出了许多原则要求其必须遵守，中国国防部部长叶剑英说道："苏丹现在并未受到任何外来威胁，如果苏丹的确受到威胁，那么中国人民一定会做好准备，由人民解放军武装部队向苏丹提供武器。中方并不售卖武器。"① 中国国防部长叶剑英还建议苏丹保卫红海海岸，指出索马里已在该地建设了军事基地，这势必会对别国产生威胁。②

在双方的文化合作方面，1973 年，中国向苏丹提供了 5 个奖学金名额，1974 年 9 月，教育部部长穆罕默德·赫里·奥斯曼率教育代表团访华，以了解中国的教育经验，并访问了中国的一些大专院校。这位苏丹部长在结束访问之际，要求中国将向苏丹提供的奖学金名额由 5 名增加至 7 名，中方对此表示同意。除此以外，部长还希望在苏丹设立造纸厂，中方承诺会对此项目的可行性进行考察。③ 同年，第一个在中国接受培训的苏丹杂技团完成了学业，并为此举行了盛大的汇报演出，表达了对中苏友谊的赞美，可以说，该杂技团就是两国友谊结出的累累硕果之一。④

---

① 苏丹驻华大使致苏丹外交部次长的信，1975 年 10 月 15 日，A/1/1/BSS 号，题为《中国国防部长接见塔基·希尔·艾哈迈德·迈格布勒率领的苏丹军事代表团》，苏丹使馆档案，北京。

② 同上。

③ 苏丹驻华大使阿卜杜·瓦哈布·宰因·阿比丁向苏丹外交部次长提交的报告，1974 年 9 月 26 日，4/4/BSS 号。也可参见苏丹驻华大使馆二秘萨拉赫·穆罕默德·艾哈迈德向喀土穆的外交部次长递交的报告，1977 年 4 月 7 日，A/1/1/BSS 号，题为《苏丹与中国的文化交流》。

④ 苏丹驻华大使在苏丹第一副总统法里格·阿瓦勒·阿卜杜·马吉德·哈米德·哈利勒于 1981 年 11 月访华期间递交的档案，A/1/1/BSS 号，1981 年 9 月 25 日，题为《中苏关系》，苏丹驻华大使馆档案。

在体育以及青年事务方面，我们可以看到两国严格执行业已签订的文化、体育、青年协定。1972 年至 1974 年，两国的首都举办了频繁的体育及青年活动。来自中国多个省区的体育代表团访问了苏丹，苏丹的体育代表团也相应地访问了中国，并在中国的几个城市参加了比赛。[①] 在联合国内，苏丹向中国提供了重要的援助。苏丹青年和体育部次长指示苏丹代表在罗马召开的国际田径联合会大会上站在中国一方，此外，苏丹还在贝鲁特召开的国际篮球联合会的执委会大会上支持中国。该次长对中国大使强调，苏丹将会坚决反对任何敌对中国的决议。[②] 在这一阶段，中国非常重视与苏丹发展文化关系，1977 年 6 月，中国通知苏丹，中方已批准了苏丹再次派遣由 20 名男女学生组成的杂技团前往中国进行为期 3 年的学习，中方将承担一切费用。[③]

在医疗合作领域，苏丹与中国于 1974 年 1 月 25 日签署了议定书，并据此派遣了由 60 名医护人员组成的医疗小组前往苏丹工作 2 年，到期后可延期。[④] 在该议定书签署不到 2 个月后，1974 年 8 月 18 日，卫生部下属的社会及疾病预防中心主任沙克尔·穆萨率医疗代表团出访中国，团员中还包括了 6 名医生。苏丹代表团一行在中国进行了多次实地考察后于同年 9 月 2 日和 3 日召开了正式会议，并在会上宣布了以下条款：

---

① 哈希姆·白赫白哈尼：《1955—1975 年中国对阿拉伯世界的外交政策，三个个案研究》，K. P. I London 1981，第 338—346 页。

② 《青年和体育部与中华人民共和国大使的会谈纪要全文》，1974 年 5 月 21 日，35/1/6/KHW 号，苏丹外交部档案。

③ 中国驻喀土穆使馆事务负责人致文化和宣传部部长布拿·迈尔瓦勒的信，1977 年 6 月 19 日，驻华苏丹使馆档案。

④ 《苏丹民主共和国与中华人民共和国医疗议定书》，1974 年 6 月 25 日，于喀土穆签署，苏丹外交部档案。

1. 中方同意两国进行医疗代表团的交流。苏丹代表团成员不应超过 5 人，可在疾病预防、环境卫生以及针灸治疗方面接受为期 3 个月的培训。

2. 中方同意交流两国的医学期刊与杂志。

3. 中方同意在国际场合，特别是国际医疗卫生组织方面协调两国的医疗政策。

4. 中方同意加强两国医疗协会的联系。①

苏丹卫生部就中国医疗队在恩图曼的巴拉克（Balak）医院的工作表现向苏丹外交部提交了报告。该报告对中国医疗队兢兢业业、认真负责的工作态度给予赞扬，并指出，1973 年 6 月 22 日至 11 月 25 日期间，该医疗队已经进行了 1060 次大手术以及 1085 次小手术，除此之外，还实施了 10795 次针灸手术以及 1844 次 X 光拍摄。当时还有许多中国医疗队在苏丹各地医院开展工作，如苏丹北部的库来玛（Karīmah）医院，苏丹中部的阿布欧舍（Abū ’ushr）医院，苏丹南部的朱巴（Juba）、瓦乌（Wau）、马拉卡勒（Malakāl）、乌韦勒医院。②

第三节　苏丹与中国关系:1977 年 6 月—1985 年 4 月

1976 年至 1977 年，苏中两国的政体结构都发生了巨变，在与右派和左派的斗争中疲于奔命的喀土穆政府在苏丹国内不再

① 苏丹医疗代表团团长沙克尔·穆萨就代表团访华撰写的报告，1974 年 9 月 5 日。也可参见苏丹大使馆就代表团与中华人民共和国会晤向喀土穆的外交部次长提交的月报，1974 年 8 月 8 日，12/2/BSS 号，苏丹驻华大使馆档案。

② 苏丹卫生部关于中国医疗队在苏丹的工作情况向苏丹外交部提交的报告，1974 年 1 月 17 日抄送苏丹驻华大使馆，苏丹驻华大使馆档案。

为民众支持，政权不再具有明晰的意识形态倾向或体现某种既定的政治理念，而这恰恰应该是决策制定者在制定目标明确的对内、对外政策方面所急需的。1975 年，喀土穆政府还将苏丹当时对外开放政策的“设计师”曼苏尔·哈立德博士驱逐出决策制定的核心，自此，国家大权完全落入加法尔·尼迈里总统手中。自 1975 年以来，尼迈里政权不再具有明确的纲领，而只关注如何保存及巩固其权力，整个政权由总统一手操纵。

1976 年以来，中国走上了全面政治经济改革之路。1978 年 12 月召开的中国共产党第十一届中央委员会第三次全体会议宣布摒弃原有的计划经济模式，采取新的经济改革政策，[①] 这种变革也反映在中国的对外政策方面，中国对其与民族解放运动的关系处理得更为谨慎，中国对解放运动的支持有所保留，并试图与国际主流环境相接近。此外，中国明显减少了对发展中国家的经济援助，并自 1978 年起开始讨论改革中国向外国的经济援助制度。而直到“文化大革命”结束前，中国都遵循周恩来总理在 1963 年 12 月至 1964 年 1 月访问非洲期间所奠定的八项原则精神，并以此作为中国对友好国家提供援助的根本，其中最为重要的可以概括为以下三点：

1. 中国在向阿拉伯国家或非洲国家提供援助时，不求受援国提供任何便利条件或特权，以无息或者低息贷款的方式提供经济援助，在需要的时候延长还款期限。

2. 帮助受援国建设的项目，力求投资少、收效快，使受援国政府能够增加收入，中国政府对外提供任何一种技术援助的时候，保证做到使受援国的人员充分掌握这种技术。

3. 中国政府派到受援国的专家，同受援国自己的专家享受

① 《中国》，新星出版社，北京，1997 年，第 30 页。

同样的物质待遇，不容许有任何特殊要求和享受。①

这就是直到"文化大革命"结束前中国对包括苏丹在内的发展中国家提供经济援助的最重要原则。20 世纪 80 年代初，改革该政策的讨论变得更为明确，时任中国总理赵紫阳在 1982 年 12 月至 1983 年 1 月访问非洲 11 国之际，宣布中国对发展中国家提供援助的新政策，在理论上继承了对外援助八项原则，并将其概括为对发展中国家经济援助的四项原则：

1. 平等互利；
2. 讲求实效；
3. 形式多样；
4. 共同发展。②

中国官方的《北京周报》认为，该政策是发展中国与发展中国家关系的新模式，与以往提供无息贷款的方式不同，这种新模式将给中国和受援国带来双赢。③

由于中国 1969 年 5 月—1985 年 4 月提供的经济援助是苏中友好关系最为重要的表现，因此有必要探讨中国于 1976 年后采取的新政策究竟对两国关系产生了何种影响，并研究苏丹自 1977 年采取明显靠拢美国的政策后，对内政策的改变对其与中国关系影响的程度。在这一时期，中国仍然敦促苏丹在该地区对抗苏联势力，并坚持要求清除红海地区任何军事基地的存在，特别是苏联海军的存在。而苏丹社会主义联盟的第二次全国大会也的确十分重视在红海地区清除外国军事基地及存在的决议。中国新华社在 1977 年 2 月 7 日发表的文章中再次提及大会提出

---

① 孔明辉：《中苏关系以及中国对非洲的对外政策》，"面向 21 世纪的非洲发展前景国际研讨会"，1998 年 10 月 21—23 日，北京，中国，第 15—17 页。

② 同上。

③ 哈里斯·克雷格，前引，第 194 页。

的关于红海的外国军事基地的决议。[1] 中国对尼迈里总统出访阿拉伯半岛南部国家极为重视，新华社刊登了苏丹—索马里以及苏丹—也门签订的关于红海安全的共同声明，[2] 并在 1977 年 5 月 26 日再次发表了对此的官方评论，题为《红海国家加强团结》，该文章提到了该地区国家为了增进团结而付出的努力，并指出苏联试图控制红海沿岸国家。[3]

中国对尼迈里总统在红海海岸的活动及其不断呼吁团结、反对外国干涉、反对苏联介入该地区的举措表示赞同。1977 年，尼迈里总统宣布了关于保卫红海安全、在该地区清除外国军舰的著名倡议。而中国将此倡议视为向苏联发动大规模宣传战的基础。苏丹驻华大使馆于 1977 年 4 月编撰的新闻报告指出，中国所有报纸及新华社在提及红海时，必然会提到苏丹总统加法尔·尼迈里，并援引他的话，且对其为了红海安全而付出的努力表示赞扬。[4]

1977 年，苏丹与苏联之间的关系出现了动荡，1977 年至 1978 年，两国关系严重恶化。1977 年 5 月及 6 月，两国的矛盾到达了顶点，当时扎伊尔革命力量包围了扎伊尔总统蒙博托·塞塞·塞科政府，几乎推翻其统治。然而以法国为首的国外及地区势力派遣军队，与埃及、摩洛哥，也许还有苏丹军队共同直接介入了扎伊尔革命，拯救了蒙博托政权，扼杀了扎伊尔的革命运动。在扎伊尔的这次危机中，中国采取了支持蒙博托的

---

① 新华社，1977 年 2 月 7 日。

② 新华社，1977 年 5 月 25 日。

③ 新华社，1977 年 5 月 26 日，也可参见新华社 1977 年 5 月 23 日文章。

④ 苏丹驻华大使馆向苏丹外交部提交的报告，1977 年 4 月 4 日，3/1/BSS 号，新闻报告，题为《中国报纸中的尼迈里总统之行以及四方峰会》，苏丹驻华大使馆档案，新闻档案。

立场，苏联则支持抵抗蒙博托政府的扎伊尔革命运动，而苏丹采取了与中国同样的立场，并利用其宣传机器反对革命运动，支持外国军队进入扎伊尔，并指责苏联是这场冲突的幕后操纵者。①

尼迈里政权开始利用声明、演讲及文章等形成支持蒙博托总统，反对扎伊尔革命运动以及苏联。苏丹政府组织了几次学生、工人及青年游行反对苏联以及扎伊尔革命运动，尼迈里总统公开指责苏联挑起冲突，并在言辞中引用了中方的表述，将其称为苏修社会帝国主义。②

毫无疑问，中国对苏丹向苏联发起的官方宣传攻势表示赞赏，新华社在其 1977 年 5 月 13 日刊登的主要文章中表示，埃及和摩洛哥向扎伊尔派军可以被认为是与非洲阿拉伯国家的某种联合，其目标是反对两个超级大国，尤其是苏联社会帝国主义。③

在针对苏联的官方宣传攻势下，苏丹于 1977 年 5 月 12 日宣布终止了 90 名苏联专家在苏丹工作的合同，关闭了在喀土穆的苏联军事代表处，并且只预留了一个星期让苏联专家离开。④ 对苏丹政府的这个决定，中方再次表示赞扬，新华社在文章《苏丹人民，你们干得好》中将苏丹驱逐苏联专家的做法认为是阿拉伯以及非洲人民在反抗殖民主义与霸权主义的斗争中的伟大胜利。⑤

---

① 《新闻》，1977 年 5 月 1 日；1977 年 5 月 3 日；1977 年 5 月 10 日。

② 《新闻》，1977 年 5 月 14 日；1977 年 5 月 11 日。

③ 《新闻》，1977 年 5 月 14 日；1977 年 5 月 11 日；1977 年 5 月 12 日；1977 年 5 月 19 日。

④ 《北京周报》，1977 年 5 月 27 日，第 19 卷，第 22 期，第 22 页。

⑤ 同上，第 29 页。

在苏丹政府决定关闭苏联军事代表处并将苏联专家驱逐出境后，苏丹于1977年5月21日又决定减少驻喀土穆的苏联代表团人数，中国媒体又一次对此新闻表示极大关注。[①] 针对苏联塔斯社及苏联共产党党报《真理报》发动的宣传战，中国官方媒体也在更大范围内发动了反攻，在捍卫苏丹外交政策的同时对苏联向苏丹提供的经济、军事援助的目的表示了质疑。[②] 新华社在1977年5月30日发表的文章中认为，苏丹将40名苏联外交官驱逐出境的行为是苏丹继驱逐苏丹专家后作出的又一重大举措。[③]

中苏两国在重要战略政策方面越来越接近，在共同面对苏联社会帝国主义的斗争中互相合作，在这样的背景下，尼迈里总统再次访华。在他出访之前，在苏丹副总统兼总理拉希德·塔希尔·伯克尔的主持下，苏丹内阁召开会议，为总统出访做筹备工作。该会议再次赞扬了中国与苏丹的合作经验，并指出中国向苏丹提供的贷款可以被认为是苏丹在国际上所能获取的条件最优惠的贷款之一，并宣布中国已经履行了1970年8月所承诺的贷款项目，建设并完成了迈达尼市至卡道里夫市的公路、罕图布大桥及友谊厅，结束了对铬矿的勘探研究，在水稻种植和渔业方面取得了切实的成效，并建成了哈萨黑萨的纺织厂。[④]

两国的新闻界为尼迈里总统的出访造势，中国新华社在1977年5月5日发表文章，指出北京各界都在翘首企盼尼迈里

---

① 《新闻》，1977年5月22日。

② 《新闻》，1977年5月27日。

③ 《新闻》，1977年5月31日。

④ 在讨论苏丹民主共和国与中华人民共和国合作签订会议上的会谈纪要全文，喀土穆苏丹外交部，1977年5月13日，苏丹外交部档案。

总统的到访。[1] 苏丹《天天报》在发表于 1977 年 6 月 6 日的社论中赞扬作为经济、军事大国的中国与小国的往来方式，并认为其基础就是尊重对方。这篇官方报纸的社论还将中国比喻为苏丹政府和人民忠贞朋友与战略伙伴。[2]

1977 年 6 月 6 日，尼迈里总统开始了他的中国之行。在抵达时，他受到了中国党和国家领导人以及数千名群众极为热烈的欢迎，这次迎接规格甚高，以至于苏丹外长曼苏尔·哈立德在苏丹《天天报》对其采访时表示："中共中央主席兼国务院总理华国锋与尼迈里总统在机场的会晤是中国外交史上前所未有的现象。"[3]

一些观察家注意到，苏联、古巴以及一些东欧的大使都没有出席北京机场欢迎尼迈里总统的仪式。[4] 但中国官方、民间的盛大欢迎仪式足以使他们的缺席显得微不足道。尼迈里总统于 6 月 7 日与华国锋主席进行会谈。尼迈里总统认为此次会谈"积极且富有建设性"，并说道："在国际及地区问题上，我们的观点一致，这毫不为奇。"他还说："中国已成为自由的代言人，她向巴勒斯坦、津巴布韦、纳米比亚、坦桑尼亚的人民伸出援手。"[5]

尼迈里总统还与李先念副总理进行了会谈，并参加了李先念副总理为他举办的晚宴。在晚宴上，双方相互致意，高度赞扬了两国的深厚友谊。李先念副总理在讲话中宣布，中国坚决

---

① 《新闻》，1977 年 6 月 6 日。

② 《新闻》，1977 年 6 月 6 日。

③ 苏丹《天天报》，1977 年 5 月 17 日。

④ 萨丽·安·贝纳德：《尼迈里统治时期（1969—1982）苏丹的对外政策》，第 373 页。

⑤ 《北京周报》，1977 年 6 月 10 日，第 19 卷，第 24 期，第 4 页。

支持苏丹人民为争取国家主权和独立、反对外国敌对分子插手本国事务的斗争。①

两国之间的会晤分为三个委员会：政治委员会、军事委员会及经济委员会。在政治方面，双方就两国共同关心的国际及地区问题统一了看法，并就在国际问题，特别是与发展中国家相关的问题上互相协调和支持达成一致。②

在军事方面，双方签订了相关的军事协定，但当时并未透露该协定的细节。

在经济、技术方面，双方进行了多轮谈判，尼迈里总统随行的经济代表团提出了一系列运输、农业、工业、灌溉、道路、体育以及青年项目，6 月 9 日，两国在北京签订了经济、技术合作协议，根据该协议的内容，中国派遣了多个代表团研究实施以下项目的可能性：

1. 建设苏基（As-Sūkī）至森纳尔（Sinnar）大桥；
2. 开发鲁塞里斯（Ar-Ruṣ ayrīṣ）地区的渔业资源；
3. 开发杰贝勒奥利亚（Jebel Aulia）地区的渔业资源；
4. 建成衣工厂；
5. 在苏丹南部马拉卡勒地区普及水稻种植。

根据双方讨论后所达成的共识，苏丹政府承担已确定建设项目在当地实施中所产生的必要费用，③ 而中方则同意为迈达尼至卡道里夫的公路铺设第二层沥青。④

① 《北京周报》，1977 年 6 月 10 日，第 19 卷，第 24 期，第 19 页。

② 苏丹《天天报》，1977 年 6 月 10 日。

③ 苏丹外交部致苏丹驻华大使的信，1978 年 9 月 20 日，9/1/9/16 法律/KHW 号，附件为 1977 年 6 月 9 日于北京签订的苏丹民主共和国与中华人民共和国的经济、技术合作协议全文，苏丹外交部档案。

④ 苏丹《天天报》，1977 年 6 月 10 日。

对于无法接受苏方当时提出的其他建议，中方向苏方致歉，中方领导人向尼迈里总统强调，由于情况特殊，因此中国将在几年后再考虑苏方的提议，在合适的时机再向苏丹提供援助，满足苏方的要求。①

在贸易方面，双方同意自第二年起扩大两国的贸易额，确立了以美元而不是苏丹镑为支付的方式，并一致同意以 7 月而不是 1 月开始双方的贸易年。② 在代表团离京返回喀土穆时，苏丹外长曼苏尔·哈立德在谈及尼迈里总统的这次访华时肯定这次访问富有成效，实现了所有预定目标，他说道："在充分了解中国实际情况的框架下，我们完成了所有预定目标。"③

尼迈里总统对此次访华中所取得的政治、经济方面的成果也表示非常满意。1977 年 6 月 15 日，在恩图曼电台的广播中，他称这次访华极为成功，并说道："我今天来到这里，是为了告诉你们，在为了主权、发展和捍卫国家领土的斗争中，中国政府和人民与苏丹无比团结。"④

毫无疑问，中国这次向苏丹提供的援助无法与 1970 年尼迈里总统的第一次访华相比，然而不管以何种标准衡量，尼迈里总统的这次出访仍然表示在经济上获得了成功。当时的中国正处于特殊时期，大地震摧毁了中国最为富庶的工业地区之一——唐山，而在中国共产党内部和整个国家，与一些试图推翻政权的激进分子的激烈政治冲突也正在进行着。尽管如此，

① 苏丹驻华大使穆巴拉克·奥斯曼·拉赫曼向外交部次长提交的报告，1977 年 5 月 28 日，1/2/BSS 号，题为《苏丹与中国经贸关系》，苏丹驻华大使馆档案。

② 苏丹《天天报》，1977 年 6 月 10 日。

③ 苏丹《天天报》，1977 年 6 月 17 日。

④ 《新闻》，1977 年 6 月 17 日。

中国仍然热情地接待了尼迈里总统，并的确竭尽所能提供了政治、精神、经济、技术上的重要支持。而尼迈里总统的这次出访使他有机会结识了继毛泽东主席之后中国新的领导层。此次访华有两点值得关注：一是中国对尼迈里总统的热烈欢迎；二是苏联国家主席对此次访华成果的评价。苏联主席在对苏联塔斯社的评论中大肆攻击尼迈里总统这次访华的行为，认为苏丹政府为维护红海安全的努力并设立红海地区安全区的提议是旨在建立一个阿拉伯的反动集团，以实现对红海的控制。中国《人民日报》对苏联的无稽之谈予以猛烈回击。①

在苏中友谊日益稳固的背景下，1978 年 11 月 18 日至 23 日，中国全国人大常委会乌兰夫副委员长出访苏丹与埃及。苏丹领导层对副委员长乌兰夫的出访表示热烈欢迎。1978 年 11 月 19 日，苏丹总统在总统办公室与乌兰夫副委员长进行会晤，向他表示热烈欢迎。双方的会谈纪要指出，此次会谈富有建设性，双方在国际、地区事务上达成广泛共识，中国外交部副部长以及代表团成员表示，中国非常赞赏苏丹为了增进阿拉伯及非洲团结以及反对社会帝国主义方面所付出的努力。纪要还指出，尼迈里总统与乌兰夫还就两国在亚洲与非洲共同面对苏联势力时应共同协调达成共识。② 1978 年 11 月 20 日，双方正式会谈开始，苏方由第一副总统艾布·卡西姆·穆罕默德·易卜拉欣主持，苏方出席会谈的有外长拉希德·塔希尔·伯克尔、宣传及对外事务部秘书助理哈桑·图拉比博士。在会谈中，乌兰夫副委员长谈到了中国的国内局势，并指出，中国正在努力实施

① 《人民日报》，1977 年 6 月 6 日。也可参见《新闻》，1977 年 6 月 17 日。

② 外交部致苏丹驻华大使穆巴拉克·奥斯曼·拉赫曼先生的信，1978 年 12 月 5 日，3/1/1TM/KHW 号，附件为加法尔·尼迈里总统于 1978 年 11 月 19 日与乌兰夫副委员长在友谊厅总统办公室的会晤之纪要，苏丹驻华使馆档案。

1976—1985 年的十年计划以及在工业、农业、科技、国防方面实现四个现代化。在谈到国际局势时，他提到："尽管中国仍然面对苏联的不断扩张，然而中国与日本及美国的关系正在逐步好转。"在提到中国支持埃及与以色列的戴维营协议时，他说道："对萨达特总统所付出的努力，中国表示充分理解。"在提到双边关系时，他说道："在中国收回台湾以及恢复联合国席位的问题上，苏丹人民给予我们充分支持，现在，在我们反对霸权主义的斗争中，苏丹人民也与我们在同一战线。"①

当日，乌兰夫还约见了拉希德·塔希尔·伯克尔。后者热烈欢迎了乌兰夫，并指出，苏丹与中国在对外政策上完全一致。作为回应，乌兰夫指出，两国面临共同的敌人，那就是苏联修正主义。拉希德·塔希尔·伯克尔在会晤中指出，不管是在亚洲、非洲，还是在阿拉伯世界以及红海地区，苏丹都会与中国共同应对苏联的霸权主义。②

这次出访并未涉及经贸问题，而带有浓厚的政治色彩。双方主要讨论了在非洲、阿拉伯世界以及红海地区面对苏联势力如何实现政策及立场协调的问题。这次出访再次显示了两国在地区及国际问题上政策的一致与相近。

由此可见，1970 年 8 月—1978 年底，两国的关系并未出现任何倒退，而是自两国 1959 年 2 月建交以来便日益发展，不断呈现出新的格局。1978 年末，苏丹通过其宣传机构，将中国称为苏丹的忠贞朋友与强有力的盟友。而中国也对苏丹的外交政策给予正面评价，并对苏丹当时在非洲的政策表示大力支持，如支持尼迈里总统为和平解决埃塞俄比亚与厄立特里亚争端所

---

① 苏丹第一副总统艾布·卡西姆·穆罕默德·易卜拉欣主持。

② 苏丹副总统兼外长拉希德·塔希尔·伯克尔与中国全国人大常委会副委员长乌兰夫会晤之纪要，1978 年 11 月 21 日，苏丹外交部档案。

付出的努力，支持苏丹为和平解决埃塞俄比亚与苏丹分歧所做的各种尝试以及在国际上公开支持苏丹于塔伊兹会议上提出的决议——使红海成为消除外国武装力量存在的和平海域。同样，中国对苏丹谴责苏联与古巴入侵好望角及苏丹南部地区表示支持，在1978年7月召开的第十五届非洲峰会的谈判中，中国在强调了已实现的计划与成就后，还不忘赞扬尼迈里总统促成该会胜利召开的努力，并对中国的坚定盟友——尼迈里总统担任1978—1979年非洲统一组织主席之位表示欢迎。① 尼迈里总统也借纪念苏丹1976年1月1日独立日的庆典，在讲话中特意提到了中国与美国及日本的友好关系，称其为建设世界和平与稳定的重要因素，并指出，强大发展的中国将成为世界力量平衡中的重要一方。②

中国对与苏丹的友好关系极为满意的例证还有很多。例如，中国对外友好协会于1979年2月5日，即苏中建交二十周年之际举办了盛大宴会，中国外交部副部长、中国对外友协代表以及一些外国友人出席了该宴会。中国外长向苏丹外长发去电报，与其共同庆祝这个节日，苏丹与中国的新闻媒体也纷纷报道了宴会的盛况。③ 在谈到对苏中建交二十年之际苏中关系的评价时，苏丹驻华大使穆巴拉克·奥斯曼·拉赫曼在报告中指出，根据第一及第二阶段的贷款协定，中方几乎圆满完成了各项工程，如今

---

① 苏丹驻华大使穆巴拉克·奥斯曼·拉赫曼在中国全国人大常委会副委员长乌兰夫访问苏丹时向外交部次长提交的关于中苏关系的卷宗，1978年8月，A/5/2/9/BSS号。

② 萨丽·安·贝纳德：《尼迈里统治时期（1969—1982）苏丹的对外政策》，前引，第373页。

③ 苏丹驻华大使馆向苏丹外交部次长提交的报告，1979年2月23日，2/1/BSS号，题为《纪念中苏建立外交关系20年的庆祝活动》，苏丹驻华大使馆档案。

只剩下如何开发努比亚湖的渔业资源这一个项目尚未完成。①

1979 年苏中两国进行了多次互访，例如，苏丹工人代表团以及苏丹国民议会代表团访华，中国全国妇女联合会访苏，参加苏丹第四届妇女联合会大会。② 然而 1979 年最重要的访问则是 11 月 30 日至 12 月 11 日，由苏丹第一副总统、国防部长兼武装部队总司令阿卜杜·马吉德·哈米德·哈利勒担任团长，率大型政治、军事代表团对中国的访问。在双方正式会谈之初，代表团便确定了此次会谈的任务。中方由副总理李先念主持。苏丹代表团团长指出，他们需要中方在提供经济及技术援助的同时也提供军事援助，因为他们对苏联向埃塞俄比亚提供大量军事援助非常担忧，并指出，中国向苏丹提供的军事援助对苏丹自我防卫、抵抗潜在的外来渗透和侵略极为重要。③ 此次访问的报告还指出，该代表团分为政治、文化、经济、军事小组。1979 年 12 月 1 日，政治和文化小组召开了会议，中方由外交部副部长何英主持，苏方则由教育部部长德法阿拉·哈吉·优素福主持。此次会谈在政治领域实现的最大成果是双方就苏丹执政党社会主义联盟与中国共产党的互相合作达成一致，双方将实现互访，中国共产党将派代表团出访苏丹。此外，双方还同意在苏丹社会主义联盟与中国共产党之间交流经验与信息，并

---

① 苏丹驻华大使穆巴拉克·奥斯曼·拉赫曼就与中国的经济、技术合作向苏丹外交部次长提交的报告，1979 年 3 月 28 日，1/4/BSS 号，苏丹驻华大使馆档案。

② 《1979 年苏丹与中国关系报告》，1979 年 12 月 9 日，1/BSS 号，苏丹外交部 1979 年年度政治报告。也可参见中国妇女联合会于 1979 年 3 月 29 日致苏丹驻华大使馆的信，苏丹驻华外交部档案。

③ 苏丹第一副总统、国防部长兼武装部队总司令阿卜杜·马吉德·哈米德·哈利勒于 1979 年 12 月 11—30 日访华的报告全文，1979 年 12 月 27 日，41/1/6/KHW 号，苏丹代表团成员外交部亚洲司司长阿卜杜·穆恩伊姆·马哈茂德·穆斯塔法整理。

由妇女、学生、农民、工人、青年组成的代表团进行互访。①

在文化领域，双方就以下问题达成一致：

1. 双方的文化协定应每两年更新一次，而不是5年；

2. 自1980年开始，中方每年向苏丹提供20名奖学金名额；

3. 向苏丹的培训学校提供教员及设备的资助，为苏丹未完成教育者提供职业培训；

4. 接受苏丹派遣的留学生到中国学习音乐及戏剧；

5. 向苏丹的高等体育院校派遣教员，此外，向苏丹的武装部队提供排球、篮球以及田径方面的教练；

6. 同意从医学院毕业的苏丹学生参加针灸治疗及麻醉实习，视之为其学业的自然延期；

7. 授予从中国各大学毕业的苏丹学生学士学位；②

8. 苏丹接受中国留学生在其国际学院以及喀土穆大学的亚非学院学习阿拉伯语；

9. 中方每年接受3名喀土穆大学医学院的老师前往中国接受针灸治疗与麻醉技术的培训；

10. 两国签订的文化协定包括互访以及开办文化、艺术展览。③

---

① 苏丹第一副总统、国防部长兼武装部队总司令阿卜杜·马吉德·哈米德·哈利勒于1979年12月11日—30日访华的报告全文，1979年12月27日，41/1/6/KHW号，苏丹代表团成员外交部亚洲司司长阿卜杜·穆恩伊姆·马哈茂德·穆斯塔法整理，第25页。

② 1973—1974年，陆续有苏丹学生前往中国求学。而1966—1976“文化大革命”期间，中国的大学并不授予毕业生学士学位，该问题一直是两国教育官员讨论的焦点，1979年，中方官方同意授予苏丹学生学士学位。

③ 苏丹第一副总统、国防部长兼武装部队总司令阿卜杜·马吉德·哈米德·哈利勒于1979年12月11—30日访华的报告全文，1979年12月27日，41/1/6/KHW号，苏丹代表团成员外交部亚洲司司长阿卜杜·穆恩伊姆·马哈茂德·穆斯塔法整理，第27页。

经济小组的讨论在同一天开始。苏方由国民规划部部长纳赛尔丁·穆斯塔法主持，中方由对外经济联络部副部长李克主持。双方讨论的 3 个基本议题为：

1. 两国经济合作进程，特别是履行 1977 年 6 月尼迈里总统访华时双方签署协定的落实情况；

2. 实施两国的贸易议定书；

3. 苏方要求中方提供新的经济、技术援助。①

苏丹代表团在参加经济小组会议前便准备好了一长串项目名单，希望中方能提供资金援助并予以实施。双方的经济小组会议在经过明确讨论后，得出了以下结论：

1. 苏丹国民规划部部长与中国对外经济联络部副部长签署了 6000 万人民币的贷款协定，作为中国向苏丹提供的第三笔贷款。

2. 苏丹国民规划部部长与中国对外经济联络部副部长于 1979 年 12 月 3 日的换文内容如下：

（1）中方负责喀土穆成衣工厂机器设备的设计、建设和安装；

（2）中方负责设立苏丹职业培训中心的可行性研究；

（3）自 1979 年 1 月至 10 月中方从苏丹进口棉花达 6000 万美元后，中方同意继续从苏丹增购棉花；

（4）根据两国的贸易条约，中方同意向苏丹提供友谊厅所需的零部件以及建筑材料；

（5）中方同意派遣专家研究建设森纳尔大桥的可行性；

---

① 苏丹第一副总统、国防部长兼武装部队总司令阿卜杜·马吉德·哈米德·哈利勒于 1979 年 12 月 11 日—30 日访华的报告全文，1979 年 12 月 27 日，41/1/6/KHW 号，苏丹代表团成员外交部亚洲司司长阿卜杜·穆恩伊姆·马哈茂德·穆斯塔法整理，第 29 页。

（6）中方原则上同意在获取中国驻喀土穆大使馆发回的关于友谊厅的资料后，审查其完工部分；

（7）中方同意派遣中国银行代表团与喀土穆苏丹银行的负责人就两国货币兑换比率进行讨论。

双方还进行了军事小组的讨论，苏方由参谋部副参谋长优素福·艾哈迈德·优素福少将主持，中方由中国人民解放军参谋部副总参谋长伍修权主持。1979 年 12 月 10 日，中苏两国在广州签署了军事合作协定。[①] 双方虽未透露该协定的具体内容，但该协定应该还是在中苏之前签订的军事合作协定框架下开展的，内容可能仍是军事训练以及向苏丹军队提供防御武器等。阿卜杜·马吉德·哈米德在访问期间还与中国国防部长举行了会晤，双方就发展和增进两国军事合作展开了讨论。[②] 在上海的海军基地访问期间，他还邀请 4 位海军将领参加苏丹海军建军庆典。[③]

值得一提的是，阿卜杜·马吉德·哈米德·哈利勒于 1979 年 12 月 3 日拜访了华国锋主席，并向他转达了尼迈里总统对其访问苏丹的邀请，华国锋主席接受了邀请，并表示将在合适的时候出访苏丹，并邀请尼迈里总统第三次访华。[④]

苏丹代表团的此次访华在经济、政治、文化方面都取得了巨大成功。尽管中国当时正经历非常时期，自身也正在努力建设国家以及进行农业、工业基础的现代化，但苏丹仍然从中国

---

① 苏丹第一副总统、国防部长兼武装部队总司令阿卜杜·马吉德·哈米德·哈利勒于 1979 年 12 月 11 日—30 日访华的报告全文，1979 年 12 月 27 日，41/1/6/KHW 号，苏丹代表团成员外交部亚洲司司长阿卜杜·穆恩伊姆·马哈茂德·穆斯塔法整理，第 36 页。

② 同上，第 38、42、44 页。

③ 同上，第 47 页。

④ 同上，第 38、42 页。

获取了重要的经济援助，也借此机会推进了两国的政治合作。这大大激怒了苏联驻华使团，他们缺席了与第一副总统及外交使团的会晤，也缺席了该代表团的迎接与欢送仪式，借此表示对中国与苏丹关系升温的不满。①

值得注意的是，尽管中国在 1978 年便宣布改革其对外援助的制度，并在代表团访问之初就婉拒了向苏丹即将上马的一些工程提供资金援助的请求，但在这次代表团的出访中，中国仍然给予苏丹重要的经济、技术援助。② 在 1981 年 5 月 23 日至 26 日召开的工业发展联合大会上，中方第一次提出了在得到第三方的必要资金支持后，开办建筑材料生产以及水稻的去皮、研磨工厂的设想。此外，中方还表示，中方已做好合作的准备，建设纺织工业的零件设备制造中心车间，承诺向天然气工业研究机构提供帮助，并表示将向喀土穆的成衣工厂提供 10 万美元的援助，帮助其向美国及日本购买机器。③

在 1981 年 5 月 24 日中国建材工业部贸易代表团访问苏丹之际，两国一致同意对在苏丹建设沥青工厂以满足苏丹国内需求的可行性进行调研，如果该厂建成，将会弥补当时年均 80 万吨的生产缺口。④

1980 年，苏丹也向中国提供了重要的科技援助，1980 年 5

---

① 萨丽·安·贝纳德：《尼迈里统治时期（1969—1982）苏丹的对外政策》，第 373 页。

② 阿卜杜·马吉德·哈米德·哈利勒率团出访的报告全文，前引，第 35 页。

③ 苏丹驻华大使馆向苏丹外交部次长提交的报告，1982 年 9 月 8 日，A/5/2/9/BSS 号，题为《苏丹与中国经贸关系概况》，第 4 页，苏丹外交部档案。

④ 中华人民共和国贸易代表团于 1981 年 3 月 20—24 日访问苏丹的报告，艾布·伯克尔·巴希尔·穆罕默德·萨利赫整理，国际关系处，1981 年 6 月 28 日，苏丹外交部档案，喀土穆。

月中旬，中国国家农业委员会主任万里希望能在中国改善并发展其农业结构的努力下，得到苏丹的帮助以发展棉花生产，并表示，中国非常希望能从苏丹长期的棉花种植中汲取经验，双方讨论了以下议题：

1. 棉花生产技术水平及发展棉花生产的方式；

2. 基础生产的各领域经验，种植、机械使用、灌溉、施肥、防治病害、轧棉花等技术；

3. 进行必要的研究，以实现增产，并在该方面组织培训，了解稳定收成价格的方法。

中国代表团由15名棉花种植专家组成。苏丹同意该代表团访苏，并责成高层为中国代表团圆满完成考察任务提供所有帮助。① 苏丹大使此前曾向喀土穆的中央政府提出警告，一旦中国成功掌握苏丹种植棉花的经验，改进其种植技术，那么将来有可能不再从苏丹进口棉花。② 此后，中国的确减少了对苏丹棉花的进口。

1981年12月6日，由苏丹第一副总统阿卜杜·马吉德·哈米德·哈利勒中将率领的代表团再次访问中国，并与中国高层领导进行了会晤。参加会面的中方领导有中共中央主席胡耀邦、副主席邓小平、国务院总理赵紫阳、国防部长耿飚。中国再次强调，在抵抗外来势力以及捍卫国家独立和主权方面，中方仍将支持苏丹。③ 在为代表团举办的欢迎晚宴上，阿卜杜·马吉德在讲话中指出："苏丹一贯支持亚非的解放运动，并与友好的中国站在同一立场，苏丹谴责苏联对阿富汗的入侵，和中国一起

---

① 苏丹驻华大使馆致苏丹外交部部长的信，1980年5月20日，A/BSS号，题为《中国要求派遣科学代表团考察苏丹种植棉花经验》，苏丹驻华大使馆档案。

② 同上。

③ 《北京周报》，1981年12月21日，第51期，第5页。

支持柬埔寨人民的斗争，呼吁越南从柬埔寨撤军。在建设世界经济新秩序的过程中，苏丹与中国有着相同的和平观点。苏丹支持中国为不结盟运动付出的努力，摒弃霸权主义和殖民主义。”①

尽管中方领导人在双方会谈中提到了反对外国霸权主义的共同斗争，却并没有就苏丹于 1981 年 5 月为美国在苏丹东部和红海的行动提供便利提出任何质疑或指责，由此可见，中国和苏丹两国政府在当时所说的霸权主义和殖民势力指的就是苏联。

在这次会谈中，双方在经济方面获得了重要成果，1981 年 12 月 10 日，双方签署了向苏丹提供贷款的新协定。② 此次的贷款为第四次贷款，额度达 8500 万人民币，其中 1500 万人民币用以购买必要的商品和物资，余下的贷款用以完成双方达成协议的项目：

1. 完成迈达尼至卡道里夫的公路；
2. 建设苏基大桥；
3. 建成衣工厂；
4. 在恩图曼建立职业培训中心。③

这笔贷款和以前的贷款一样是无息的，可以自 1992 年 1 月至 2001 年 12 月 31 日分 10 年还清，每年偿还以用贷款额度的 1/10。④

---

① 苏丹第一副总统阿卜杜·马吉德·哈米德·哈利勒在中方为其准备的欢迎晚宴上的致辞全文，1981 年 12 月 8 日，苏丹驻华大使馆档案。

② 《北京周报》，1981 年 12 月 21 日，第 51 期，第 5 页。

③ 苏丹驻华大使穆罕默德·哈姆德·马塔尔（Mu ḥ ammad Ḥ amd Ma ṭ ar）致苏丹外交部次长的信，1984 年 11 月 9 日，A/5/2/9/BSS，主题是关于 1984 年 12 月总统访华之际关于苏丹与中国经济、技术合作，第 3—4 页，苏丹驻华大使馆档案。

④ 同上。

双方还共同决定了上述工程的实施期限，即从 1982 年 1 月至 1986 年 1 月。中方原则上同意在双方已达成一致的上述四项工程的实施过程中追加贷款。[①] 直至 1981 年中期，苏丹已经使用了中国三笔贷款中的大部分，共计 2.6 亿人民币，余下的 8000 万人民币并不足以支付完成迈达尼至卡道里夫的公路、成衣厂等双方达成协议的工程所需款项。[②]

在这次访问中，双方还另外签署了一份协定，向苏丹武装部队提供价值 8000 万人民币的无息国防贷款。[③]

在文化方面，1981 年 12 月 10 日，双方签署了两国政府 1982 年至 1983 年的文化合作执行计划，其内容包括双方互访，互派艺术代表团，开办文艺展览以及在宣传、广播、电视、节目交流上合作。[④] 该计划还指出，中方同意在 1982 年至 1983 年间向苏丹提供 20 个奖学金名额，[⑤] 同意派遣杂技教练前往苏丹，为当地培训教练，并同意为其武装部队派遣田径、篮球、排球教练，为高等院校的体育教育派遣教员。而苏丹则同意接受中国留学生到苏丹的国际学院以及喀土穆大学的亚非学院学习阿拉伯语。[⑥]

---

① 苏丹驻华大使穆罕默德·哈姆德·马塔尔（Muḥammad Ḥamd Maṭar）致苏丹外交部次长的信，1984 年 11 月 9 日，A/5/2/9/BSS，主题是关于 1984 年 12 月总统访华之际关于苏丹与中国经济、技术合作，第 3—4 页，苏丹驻华大使馆档案。

② 苏丹驻华大使馆向苏丹外交部次长提交的报告，1981 年 12 月 25 日，A/1/1/BSS 号，题为《在共和国第一副总统阿卜杜·马吉德·哈米德·哈利勒第二次访问中国之际，就两国的双边关系提交的卷宗》，苏丹外交部档案。

③ 同上。

④ 《1982 年至 1983 年苏丹民主共和国政府与中华人民共和国政府就文化合作的执行计划全文》，1981 年 12 月 10 日于北京签署，苏丹外交部档案。

⑤ 同上。

⑥ 《1982 年至 1983 年苏丹民主共和国政府与中华人民共和国政府就文化合作的执行计划全文》，1981 年 12 月 10 日于北京签署，苏丹外交部档案。

该文化议定书签署时，两国的文化往来已经开展了近 13 年。双方达成协议，便于对该项目实施情况进行论证和评估，该计划有 2 年的执行期。

阿卜杜·马吉德的出访再次证明了中国一贯执行对苏丹的经济、技术、文化援助。此前中国一直对民间政治反对力量与尼迈里总统的政策之间的冲突升级表示担忧，担心尼迈里总统无法应对日益严重的经济危机。1981 年，这种担忧变为现实。当时，工人、手工业者的罢工、学生的罢课浪潮迅速蔓延，反对者掀起了几次学潮，这些都动摇了该政权。苏丹人民要求民主的运动愈演愈烈，1981 年至 1982 年，在手工业者及工会组织领导的苏丹人民运动的打击下，尼迈里政权摇摇欲坠。中国政府密切关注苏丹局势，这一点可以从苏丹驻华大使穆罕默德·哈姆德·马塔尔致苏丹外长的信件中看出。大使在信中指出，苏丹隶属中国外交部西亚北非司司长的关注范围，该司长向他询问苏丹的政治局势，他对此的回答是，罢工及游行只是个别行为，苏丹人民并不会参加暴动。① 中国在喀土穆使馆的活动能力很强，并不会接受苏丹大使的这番外交辞令。但中国一贯秉承不干涉别国内政的政策，因此仍然继续与尼迈里政府加强政治关系。1982 年 8 月 9 日，由卢吉·埃杜克率苏丹国民议会代表团与中国的中共中央政治局常委彭真举行会晤。② 同年，苏丹仍不断努力，试图说服其他尚未与中国建立外交关系的友好国家承认中华人民共和国。1982 年 3 月，中国请求苏丹利用与沙

---

① 苏丹驻华大使穆罕默德·哈姆德·马塔尔向苏丹外交部次长递交的报告，1982 年 2 月 11 日，A/1/1/5/BSS 号，与中国外交部西亚北非司司长于北京会晤，苏丹驻华大使馆档案。

② 苏丹驻华大使穆罕默德·哈姆德·马塔尔的报告，1982 年 8 月 26 日，13/8/BSS 号，题为《国民议会代表团与彭真同志会晤》，苏丹驻华大使馆档案。

特阿拉伯王国的友好关系，使其与中国友好交往。[①] 苏丹大使指出，苏丹确已在这方面与沙特阿拉伯王国一起做了许多努力，沙特也已同意加快与中国友好交往的步伐。[②]

尽管尼迈里政府与中国有着友好往来，然而苏丹外交部仍然向苏丹驻华大使提出质询，因为中国国务院总理赵紫阳自1982年9月20日起对包括埃及、扎伊尔、肯尼亚、刚果、阿尔及利亚、摩洛哥和几内亚等非洲10个阿拉伯及非洲国家进行长期访问，但并未将苏丹列入其中。[③] 此前，最后一次访问苏丹的中国国务院总理是已故总理周恩来，他曾于1963年12月至1964年1月访问苏丹。尽管中方向苏丹驻华大使回应说，苏丹将列入以后的高端访问名单，同时表示，中国与苏丹关系稳固，无需进行高端访问。但当时中国总理未能访问苏丹仍然证明了中国对苏丹当局当时正发生的政治危机性质及其动荡局势十分了解。在阿拉伯及非洲所发挥的作用减弱时，被国内反对势力重重围困的苏丹政府正需要中国的支持，而高端访问被苏丹政府认为是这种支持的表现之一，然而中国政府却未能满足尼迈里总统的这个愿望。

两国政治领导层仍然保持交流。1983年1月29日，应苏丹社会主义联盟中央筹备委员会之邀，中共中央对外联络部顾问张香山率友好代表团访问苏丹。访问期间，代表团与苏丹社会主义联盟领导人进行了会晤，双方于1983年2月3日签署了1983年至1984年发展中国共产党与苏丹社会主义联盟友好往来

---

① 苏丹驻华大使穆罕默德·哈姆德·马塔尔的报告，1983年3月29日，4/1/BSS号，题为《埃及总统访华》，驻华的埃及使馆与苏丹使馆关于外交合作的报告。

② 同上。

③ 《北京周报》，1983年1月3日，第26卷，第1期，第6页。

与合作的议定书。根据其内容，双方将就积极开展党务工作交流经验，并鼓励两党的下属新闻机构增进联系，加强互访，交流与两党活动有关的文件及印刷品。此外，议定书还鼓励双方的民间及各阶层组织以及妇女、青年、工会组织保持联系与合作，以稳固两国业已存在的友好关系。1984 年，两国在国际领域和国际组织内的各项工作上进行协调。当时恰逢苏丹人民委员会议长伊兹丁担任各国议会联盟主席（Inter-Parliamentary Union—IPU），苏丹竭力促成中国加入该联盟，因此，伊兹丁邀请中国参加 1984 年 4 月召开的各国议会联盟理事会会议，并表明他将为中国加入该联盟创造必要的便利条件。这也是该联盟首次向中华人民共和国发出这样的邀请。①

1984 年 5 月 24 日，中方重要首脑国务院副总理李鹏率团访问喀土穆，随行的还有中国外交部副部长、对外经济联络部部长，代表团此行作为贵宾，应邀参加苏丹 1969 年 5 月 25 日革命周年庆典。除与尼迈里总统进行会晤外，中国副总理李鹏还会见了苏丹第一副总统欧麦尔·穆罕默德·塔伊布，中国外交部副部长温业湛也与苏丹外长哈希姆·奥斯曼进行了会晤。② 在政治方面，两国领导人在多次会晤中均对两国日益发展的友好关系表示赞赏，在亚洲和非洲的许多主要问题上，两国领导人

① 《中国共产党与苏丹社会主义联盟发展友好合作关系议定书全文》，1983 年 2 月 3 日签署，中方由中国共产党的友好代表团团长张香山签署，苏方由苏丹社会主义联盟中央筹备委员会第一副秘书长拉希德·塔希尔·伯克尔签署。苏丹外交部档案。也可参见《北京周报》，1983 年 3 月 14 日，第 26 卷，第 11 期，第 12 页。

② 苏丹外交部报告，1984 年 6 月 10 日，A Ḥ（B）25/16/亚洲 KHW 号，附件为中国国务院副总理李鹏于 1984 年 5 月 24—27 日访问苏丹纪实全文，苏丹外交部亚洲司文件，喀土穆。

的看法也保持一致。[①] 苏丹财政和国民经济部部长告知中国，迈达尼市至卡道里夫市的公路已经竣工，成衣工厂的建设仍在进行。苏方提出了一些新的项目，并期望得到中国的援助，然而中国政府表示，中方更乐于见到实施一些有利于双赢的项目，并建议苏方从第三方获取资金。[②] 在这几次会议上，中方再次表明，中方无法再从苏丹进口更多的棉花，因为中方也必须履行与其他棉花出口国之间的贸易议定书，并建议苏丹在两国的贸易议定书中加强自身出口商品的多样化。[③]

值得注意的是，李鹏副总理的这次访苏是其访问非洲之行中的一环，他在喀土穆访问时说道，他的此次访苏是应此前前往中国访问的苏丹领导人之邀。[④] 由于中国国内棉花生产的持续增长，中方表达了对两国贸易议定书前景的担忧，并要求苏丹在两国的贸易议定书中加强自身出口商品的多样化。可以看出，在此次访问中，李鹏副总理以 1982 年 12 月至 1983 年 1 月赵紫阳总理访问非洲时提出的政策[⑤]为基础，提出了中国与苏丹经济、技术合作的新政策，并指出项目的资金应来源于第三方，

---

① 苏丹外交部报告，1984 年 6 月 10 日，A Ḥ（B）25/16/亚洲 KHW 号，附件为中国国务院副总理李鹏于 1984 年 5 月 24 日至 27 日访问苏丹纪实全文，苏丹外交部亚洲司文件，喀土穆。

② 同上。

③ 同上。

④ 同上。

⑤ 赵紫阳总理在访问非洲时，宣布中国对发展中国家提供援助的新政策，在理论上集成了对外援助八项原则，并将其概括为对发展中国家经济援助的四项原则：1. 平等互利；2. 讲求实效；3. 形式多样；4. 共同发展。以此为依据，中国在理论上停止了无息贷款以及对基础设施项目的积极援助。然而我们可以看到，尽管在数量与质量上有所缩减，但中国仍然在提供重要的经济援助和无息贷款。

而中方则提供技术经验。[①] 中方强调了以中方新的原则为基础发展两国未来合作关系的重要性，指出了中方正以第三方出资、中方提供技术经验为前提，与利比亚就建设铁路、与突尼斯就建设灌溉水坝进行谈判，并指出："中方现在已经做好充分准备以开展与非洲的联合项目。"[②]

正如上文所述，中方对苏丹政局的动荡、政权危机的恶化、苏丹南部武装势力的冲突以及苏丹北部民众反对势力的高涨十分关注，刊登于 1984 年 7 月 30 日《北京周报》的文章《苏丹南部问题毫无解决迹象》[③] 明确表示了中国对此的忧虑，文章作者看起来对苏丹政治危机的各个方面都相当熟悉，他在文中指出，苏丹政府正在努力阻止各种游行示威活动，情况十分危急，并指出现行的措施并不能解决苏丹南部问题，也不能防止苏丹政治局势的恶化。[④] 文章还指出，该年 9 月强行推行伊斯兰法律[⑤]以及将从南部开采出来的石油转移至北方进行提炼都使苏丹南部问题出现恶化，并且毫无解决迹象。[⑥]

鉴于该文章刊登于中国官方出版的杂志，因此该文章无疑

① 苏丹驻华大使穆罕默德·哈姆德·马塔尔致苏丹外交部次长的报告，1984 年 11 月 9 日，A/5/2/9/BSS 号，题为《苏丹民主共和国与中华人民共和国的经济、技术合作》，第 8 页。

② 苏丹驻华大使穆罕默德·哈姆德·马塔尔提交的报告，1984 年 7 月 12 日，4/1/BSS 号，题为《中国国务院副总理李鹏于 1984 年 5 月 24 日至 27 日访问苏丹》，苏丹驻华大使馆档案。也可参见《北京周报》，1984 年 7 月 9 日。

③ 《北京周报》，1984 年 7 月 30 日，第 31 期，第 3、14 页。

④ 同上。

⑤ 1983 年 9 月，尼迈里总统下达了在全国实行禁烟、禁酒令，贩烟贩酒的南部商人，被残忍地剁掉手脚，甚至处以死刑；在全国伊斯兰阵线当时的领导人哈桑·图拉比和穆斯林兄弟会的影响下，开始推行伊斯兰教法统治，并再次把南方划为几个省，强制实行伊斯兰法律。这些措施遭到了南部的强烈反对，最终导致与南部的第二次战争的爆发。——译者注。

⑥ 同上。

表达了当时中国官方对苏丹局势的看法，这足以清楚表明，中国领导对苏丹国内局势的危机非常了解。然而出于对苏联在红海和好望角地区存在以及对该政权安全的担忧，中国仍然建议苏丹领导人理智处理危机，寻求解决途经，并认为根据经验，和平解决南部问题是该问题的唯一解决之道。1984 年 9 月，中方向苏丹国民议会议长伊兹丁发出邀请，并感谢其对中国加入各国议会联盟所作的支持。国家主席李先念在与伊兹丁的会晤中，在高度赞扬了苏丹为捍卫红海重要的贸易通道所付出的努力之余，也向他询问了苏丹国内的局势，并提醒其和平解决苏丹问题的重要性。① 在此次出访中，中方了解到苏丹当时缺少粮食，便宣布将向苏丹遭受旱灾影响的地区运送 1000 吨小麦。②

1984 年 11 月 10 日，尼迈里总统第三次访华，这也是他最后一次访华。此次出访，他与中国多位领导人进行了会晤，其中包括赵紫阳和邓小平，后者对尼迈里总统说："我们应该与所有热爱和平的人民团结一致，反抗霸权主义。"③ 中国经济改革的总设计师邓小平还向尼迈里总统详细介绍了中国新的经济改革政策的内容，并说道："新的政策让一部分人先富起来，中国不可能出现百万富翁，也不可能出现两级分化。"④

在此次访华期间，两国在政治上，就许多问题，特别是就如何应对苏联对非洲的武力入侵问题达成了共识。

---

① 《北京周报》，1984 年 10 月 1 日，第 40 期，第 7 页。

② 苏丹驻华大使穆罕默德·哈姆德·马塔尔向苏丹外交部次长提交的报告，1984 年 11 月 5 日，4/1/BSS 号，题为《中方向苏丹捐赠一千吨小麦》，苏丹驻华大使馆档案。

③ 《北京周报》，1984 年 12 月 24 日，第 52 期，第 9 页。

④ 同上。

在经济方面，经济小组于 1984 年 12 月 11 日召开了要第一次会议，苏方提出了建设连接苏丹中部城市库斯提（Kūstī）至南部马拉卡勒总长为 410 公里道路的要求，希望中方为此项目提供资金并实施。代表团还希望扩大哈萨黑萨的纺织厂，并以糖厂的废弃物及棉花秸秆、尼罗河水草为原料建设造纸厂，此外还提出了一些小型项目。但中方并没有同意苏方的要求，因为中国当时正经历经济困难时期，仍需进行国内工业的现代化以摆脱落后局面。关于中方从苏丹进口棉花问题，中方同意根据新的议定书，仅同意从苏方购买价值 3300 万美元的棉花，并表示，中方已从棉花进口国转向为棉花出口国。[①]

中方还表示，中方无法为库斯提至马拉卡勒的道路提供资金，但也表示，只要苏丹能够获取该项目的资金，那么中国公司一定会参与投标，实施该项目的建设。[②]

经济小组会谈结束时，中方同意向苏丹提供第五笔贷款，并于 1984 年 12 月 15 日签署了贷款条约，该条约指出，中国政府将于 1986 年 1 月 1 日起至 1990 年 12 月 31 日向苏丹提供价值为 1 亿人民币的无息贷款，[③] 双方一致同意，将来在苏丹所签署的任何新项目都可以从这笔贷款得到资助，该贷款将分 10 年，即从 2001 年 1 月 1 日起至 2010 年 12 月 31 日分批用可兑换货币或以苏丹出口商品进行偿还，每年偿还上述贷款额度的 10%。[④] 此外，双方还另外签署了防御条约，向苏丹

---

① 尼迈里总统于 1984 年 12 月 10 日至 15 日访华期间经济小组会议记录全文，苏丹驻华大使穆罕默德·哈姆德·马塔尔作为苏方代表参加了 1984 年 12 月 16 日的经济小组会谈并整理纪要，苏丹驻华大使馆档案，也可参见 1984 年 12 月 15 日签署的中方向苏丹提供贷款条约全文，苏丹外交部档案，喀土穆。

② 同上。

③ 同上。

④ 同上。

武装部队提供1200万人民币的贷款。①

1984年12月15日，中苏两国政府签署了1984年7月1日至1985年6月30日的贸易议定书，根据该议定书，苏丹将从中国进口价值5000万美元的商品，中国也将从苏丹进口等值的商品，前提条件是中国从苏丹进口的货物需包括价值3300万美元的棉花、200万美元的阿拉伯树胶、200万美元的乳香以及1300万美元的其他各类商品。②

在此次访问期间，双方签署了粮食援助的相关文件，中国将向苏丹提供2000吨的玉米以及一些医药及器械，这也是此前中国对外经济联络部部长陈慕华所许诺过的。③ 此外，双方还签署了议定书，中方将向苏丹派遣专家进行某些项目的可行性研究。④

在为迎接尼迈里总统而举行的晚宴上，尼迈里总统发表讲话并对两国关系的发展表示满意，他这样说道："自从伟大的五月革命爆发以来，从未发生过任何有损两国关系的龃龉或矛盾。正相反，两国关系在这个充满危机的世界仍然保持稳步发展。"在尼迈里总统结束访问之前的联合声明中，尼迈里总统说道，两国在国际及地区问题上有许多相同或相似的看法。声明再次提到，李先念主席接受了尼迈里总统的邀请，

---

① 苏丹银行向对外联络关系部的报告，2001年3月21日，2001年3月/KHDA/SB号，题为《中国免除苏丹债务》，附件为中国向苏丹提供贷款额度及使用情况报告，也可参见中国商品贷款增加了偿还贷款额，第1页。

② 中华人民共和国与苏丹民主共和国签署的1984年7月1日至1985年6月30日的《苏丹共和国政府和中华人民共和国政府一九八四年七月一日至一九八五年六月三十日贸易议定书》，苏丹外交部档案。

③ 尼迈里总统于1984年12月10日至15日访华期间经济小组会议纪要全文，由苏丹驻华大使穆罕默德·哈姆德·马塔尔整理，出处同上。

④ 同上。

将对苏丹进行访问。[1]

无疑，尼迈里总统的第三次访华也获得了成功。尽管中国正在加紧进行经济和工业的现代化进程，却仍然向苏丹提供了大量重要的技术、经济、粮食援助，尼迈里总统在晚宴上的讲话的确一语中的。自 1970 年他第一次访华以来，两国的关系从未出现任何倒退，两国之间也从未发生任何摩擦。尼迈里总统的此次访华更推进了两国关系。然而由于新的改革政策，中国在向发展中国家提供援助的政策上有所调整，因此在尼迈里总统的此次访华中，中国并未同意援建库斯提至马拉卡勒的道路项目，而该政策也将在今后相当长的时期内成为中国与发展中国家交往政策中的重要特征。

中国再次向苏丹饱受旱灾的部分地区伸出了援助之手，提供了重要的粮食援助，大大缓解了当地旱情所造成的压力。1985 年 2 月 15 日，中方向苏丹提供了 4000 吨玉米。[2] 尽管中国当时正在搞建设，却仍然向苏丹提供了大量援助，自 1984 年 9 月至 1985 年 4 月，中方向苏丹提供的粮食援助达 2.225 万吨。[3]

在尼迈里总统统治后期，在双方的经济关系方面，除了苏丹高层领导在访华期间得到的援助外，财政及经济规划部部长

---

① 1984 年 12 月 11 日苏丹民主共和国总统加法尔·穆罕默德·尼迈里在中华人民共和国首都北京的官方晚宴上的讲话，苏丹驻华大使馆档案。也可参见 1984 年 11 月 15 日的联合新闻公报全文，新华社，1984 年 12 月 16 日。也可参见《北京周报》，1984 年 12 月 24 日，第 9 页。

② 中华人民共和国对外经济联络部副部长吕学俭致苏丹驻华大使穆罕默德·哈姆德·马塔尔的信，1985 年 2 月 15 日，题为《中国捐赠 4000 吨玉米》。苏丹驻华大使馆档案。也可参见苏丹驻华大使关于此事件致苏丹外交部的信，1985 年 3 月 2 日，1/5/2/BSS 号。苏丹驻华大使馆档案。

③ 苏丹驻华大使穆罕默德·哈姆德·马塔尔的机密报告，1986 年 1 月 7 日，1/5/2/BSS 号，题为《苏丹与中华人民共和国的经济、技术合作关系》，苏丹驻华大使馆档案。

还于1984年12月15日致信中国对外经济联络部部长陈慕华。信中指出两国政府已达成协议，由中方派遣专家前往哈萨黑萨的纺织厂，对该厂的生产能力是否达到其预计产量以及扩大其生产力进行可行性研究，派遣专家对尼罗河两岸4万—6万费丹土地能否种植水稻的可行性进行研究，派遣专家研究苏丹的草药，以及研究沙漠化问题，以帮助苏丹政府解决此问题，并向苏丹政府递交研究结果。①

在该时期双方的贸易关系方面，自1955年两国建立贸易往来开始至1979年底，两国的贸易额达到历史最高点，即1.3406亿美元。（请参见本书附录中的表1）

两国的贸易代表团不断互访。1980年5月，中国纺织企业代表团访问苏丹，与苏丹的国有企业及实业家签订了多笔贸易合同；1981年1月，苏丹茶叶公司代表团访问中国，同意从中方进口茶叶；1980年9月23日，苏丹负责合作、贸易及投资的副总理艾哈迈德·萨利姆·艾哈迈德率团出访中国，双方讨论了中国与苏丹银行的债务问题，这笔债务当时为1400万美元，且某些债务与中国公司相关，此外，双方签署了1980年至1981年的贸易议定书，将两国的贸易往来增加至4700万美元，即比1979—1980年度增长了200万美元。

1982年8月10日，两国政府在喀土穆签署了1981年7月1日至1982年6月30日的贸易议定书，规定两国的贸易额为9400万美元，苏丹仅棉花一项便占了4000万美元。② 1982年5月3日，苏丹贸易部次长率代表团抵达北京，就如何开展1981

---

① 苏丹财政部及苏丹财政及经济规划部部长致中国对外经济联络部部长的信，1984年12月15日，无编号，苏丹驻华大使馆档案。

② 《苏丹共和国政府和中华人民共和国政府一九八一年七月一日至一九八二年六月三十日贸易议定书》，苏丹外交部档案。

年1982年的贸易议定书，特别是中国从苏丹购买棉花的额度进行谈判，此外，双方还将就1982年至1983年的贸易议定书进行规划。在会谈中，苏丹指出，1981年至1982年的议定书在执行过程中遇到了一些障碍，议定书并未实现预期目标，他举例说，从苏丹进口的棉花应为4000万美元，但直到1982年5月4日，中国仅从苏丹进口了1100万美元的棉花，在1982年6月30日议定书有效期结束之前，中国应在短期内从苏丹进口2900万美元的棉花。苏丹希望在新的议定书生效之前，中方能履行承诺，从苏丹进口棉花。①

中方承认在向苏丹进口棉花问题上的确存在问题，对无法如1981年—1982年的议定书中规定向苏丹进口棉花表示歉意，因为中国的棉花丰收，且苏丹棉花黏性过高，中国的工厂不愿意使用，更何况本地的棉花生产也获得了大丰收。中方也向苏丹提出了中国向苏丹提供的高达2000万美元的债务问题。尽管中国的棉花获得了丰收，但仍同意向苏丹购买2900万美元的苏丹棉花，苏方也同意中国银行保留725万美元，即余下2900万美元棉花中的25%，作为中国银行向苏丹各商业银行延期交付的款项。②

关于1982年—1983年的贸易议定书规划，苏方提议扩大双方贸易额，建议将双方的贸易额均提升至5000万美元，此提议需苏方贸易代表团前往中国进行讨论并签订。③

1982年7月26日，苏丹合作贸易投资部长法鲁格·易卜

① 苏丹驻华大使穆罕默德·哈姆德·马塔尔向苏丹外交部次长递交的报告，1982年5月8日，18/1/BSS号，题为《苏丹贸易代表团访华》，1982年5月7日，苏丹驻华大使馆档案。

② 同上。

③ 同上。

拉欣·马格布勒率苏丹贸易代表团前往中国，尽管中方表示苏丹棉花黏度过高，但仍然同意签署了1982年至1983年的贸易议定书，将双方的总贸易额度提升至1亿美元，即双方分别为5000万美元。[①] 议定书规定中方需从苏丹进口4300万美元的棉花。[②]

值得注意的是，自双方交往以来，这是中国第一次在贸易议定书条款的执行上有所延误，也是第二次对苏丹棉花的黏度提出意见，国务院委员兼对外经济联络部部长陈慕华指出了在传统商品领域发展贸易往来的重要性，并指出，应扩大能实现双赢的商品的交流。[③]

对在议定书中依靠单一商品出口的苏丹而言，这不啻为清晰的指引和重要的建议，因为这种情况已经影响了双方贸易的继续发展。1982年，当中国的棉花生产出现前所未有的增长时，两国的贸易往来将面临重大考验。当时中国国内的棉花生产已经可以满足工厂的极大需求，更遑论苏丹棉花的极高黏度，这一切都是苏丹迫在眉睫的问题。随着未来棉花种植技术的提高，苏丹将会发现，如果在贸易往来中仍然只依靠单一商品出口，那么这种交流就难以为继。[④]

必须提到的是，1979年至1980年，苏丹在双方贸易中仍然处于顺差。1979年，中国从苏丹进口了价值为8932万美元的商品，而苏丹仅从中国进口了价值4474万美元的商品。1980年，

---

① 苏丹驻华大使馆向苏丹外交部次长递交的档案，1982年8月9日，13/8/BSS号，题为《苏丹贸易代表团访华签订1982至1983年议定书》，苏丹驻华大使馆档案。

② 同上。

③ 同上。

④ 同上。

中国从苏丹进口了 6095 万美元的商品，而苏丹仅从中国进口了 3490 万美元的商品。① 然而在 1981 年，两国的贸易额开始出现变化，中国开始处于顺差，中国向苏丹出口了价值 4482 万美元的商品，从苏丹进口则为 4041 万美元。1982 年，两国贸易额出现了明显缩减，只有 6400 万美元。中国向苏丹出口 3475 万美元商品，从苏丹进口则为 2970 万美元。②

1983—1984 年，苏丹向中国出口的棉花量再次下降。贸易代表团经过艰苦谈判，终于成功说服中国将棉花进口额提高至 4300 万美元。在谈判开始前，苏丹驻华大使曾告诫苏丹代表团成员，必须将中国从苏丹的棉花进口额维持在以往议定书所规定的范围内，即 4300 万美元。大使还表示，必须解决苏丹棉花高黏度的问题，并开发新的传统商品，将其列入议定书，以发展两国的贸易往来。③ 尽管 1983 年至 1984 年的议定书中明文规定，但由于苏丹棉花的高黏度以及中国国内棉花的丰产，中国看起来并不需要从苏丹购买价值 3300 万美元的棉花。但双方的贸易额仍然保持平稳，议定书规定双方都必须从对方进口价值 5000 万美元的商品。④ 1983 年，苏丹在双方贸易中处于顺差，中国从苏丹进口了 5099 万美元的商品，向苏丹出口则为 3369 万美元。⑤

1983—1984 年，在双方的贸易交往中，中国从苏丹购买的

① 参见本书附录中的表 1，苏丹与中国 1955 年—1985 年的贸易。也可参见中国 1984 年年鉴，第 869 页。

② 同上。

③ 苏丹驻华大使穆罕默德·哈姆德·马塔尔向苏丹外交部次长递交的报告，1983 年 9 月 1 日，2/2/BSS 号，题为《苏丹共和国政府和中华人民共和国政府一九八三年至一九八四年贸易议定书》，苏丹驻华大使馆档案。

④ 《苏丹共和国政府和中华人民共和国政府一九八三年七月一日至一九八四年六月三十日贸易议定书》，签订于 1983 年 10 月 24 日，苏丹贸易部档案。

⑤ 《中国对外经济贸易关系年鉴，1984 年》，第 869 页。

棉花量急剧下降。两国贸易额也出现了下调，1984 年，贸易额为 6295 万美元，至 1985 年末则下降为 2000 万美元。①

在文化交流方面，1980 年 1 月，第二批苏丹杂技团在武汉完成基础训练后毕业。② 1980 年，苏丹接受 8 名中国学生前往喀土穆的语言学院及喀土穆大学学习阿拉伯语，并在 1981 年接受 6 名学生在这些院校学习。这些交流的依据为第一副总统阿卜杜·马吉德·哈米德在 1979 年 11 月 30 日访华时所签订的文化协定草案，由于中国教育部与苏丹教育部之间就接受苏丹学生在中国大学学习产生分歧，苏丹教育部坚持要求这些大学的学历应得到全世界承认，而中国教育部却认为苏丹学生应参加另一场考试方可颁发此类学历，③ 而此前并未如此要求，因此该草案直到 1981 年 9 月才正式签署。

双方交流所面临的问题并不仅仅是在贸易方面，文化层面的交流也并不一帆风顺。1981 年 12 月 10 日签署的 1982 年至 1983 年文化执行计划直至 1983 年 9 月才全面展开。苏丹驻华大使曾在 1983 年 9 月 1 日致苏丹当局的信中，敦促苏丹履行议定书中承诺的义务。距议定书结束尚有一段时间，苏丹应确定 1983 年的计划，派遣文艺代表团前往中国，在中国开办文化展览，派遣电影、电视代表团以及足球代表团出访中国。④

---

① 《中国对外经济贸易关系年鉴，1984 年》，第 869 页。

② 苏丹驻华大使向外交部次长递交的报告，1982 年 7 月 4 日，4/1/BSS 号，题为《苏丹与中国 1981 年至 1982 年的互访》，苏丹驻华大使馆档案。

③ 同上。也可参见苏丹驻华大使向苏丹外交部次长递交的报告，1981 年 9 月 25 日，A/1/1/BSS 号，题为《两国的双边关系》，苏丹驻华大使于苏丹第一副总统法里格·阿瓦勒·阿卜杜·马吉德·哈米德·哈利勒第二次访华期间递交的报告，苏丹外交部档案。

④ 苏丹驻华大使穆罕默德·哈姆德·马塔尔向苏丹外交部次长递交的报告，1983 年 9 月 1 日，8/4/BSS 号，题为《苏丹与中国的文化关系》，苏丹驻华大使馆档案。

1984 年 2 月，两国再次签署 1984 年至 1986 年的文化合作执行计划。该计划除要求双方互派艺术、体育及文化代表团外，还承诺举办电影周及书展，中方还同意向苏丹提供体育设备，交流与体育相关的英语版本印刷品，并同意在该文化条约执行期间向苏丹提供 20 名奖学金名额，苏丹也需相应向中国提供 5 名研究生名额，便于其在苏丹高等大专院校学习阿拉伯语。该计划还指出，派遣方需支付本科生及研究生的学习费用。①

苏丹驻华大使馆指出，在中方严格遵守并令人满意地完成任务时，苏丹却并没有履行前文化计划中所规定的义务。中国代表团对苏丹最近的一次访问，即 1984 年 10 月中国的乒乓球代表团访苏以及 1984 年 11 月喀土穆的中国电影节，都是在该议定书的框架下开展的。② 1985 年年初，中国在喀土穆举办了中国图书展，并举办了中国电影周，③ 这是 1969—1985 年间中国举办的最后一次文化活动。

在医疗卫生合作领域，1980 年 7 月 10 日，两国在喀土穆签订了医疗队议定书，中国将派由 45 人（其中包括两名翻译及几名厨师）的医疗队前往苏丹工作 2 年，即于 1982 年 6 月 24 日结束工作。在此期间，医疗队将在杰济拉省（Al-Jazīrah）的阿布欧舍以及苏丹南部的朱巴、马拉卡勒的医院工作。该议定书还指出，如果苏丹政府要求的话，该医疗队还可在当地延长工

① 苏丹外交部次长致苏丹驻华大使的信，1984 年 11 月 24 日，8/5/4/11/KHW 号，附件为 1984 年至 1986 年苏丹民主共和国与中华人民共和国文化合作执行计划全文，苏丹外交部档案。

② 苏丹驻华大使馆杰马勒丁·穆罕默德·易卜拉欣向苏丹外交部次长提交的报告，1984 年 11 月 16 日，A/1/A/BSS 号，题为《苏丹总统访华——苏丹与中国的文化关系》，也可参见苏丹驻华大使的报告，1984 年 12 月 4 日，A/1/A BSS 号，第 35 页，苏丹驻华大使馆档案。

③ 同上。

作2年。[1]

1982年6月，苏丹卫生部部长访问中国，在与中国领导人会晤时，他对中国在卫生领域向苏丹提供的援助予以高度赞扬。[2]

1984年6月，中国与苏丹再次签署新的医疗队议定书，派遣由30名队员组成的医疗队前往苏丹工作。该议定书指出，中方将为该医疗队配备必要的医疗器械、设备及药品，费用从1981年12月10日签署的中国向苏丹提供的贷款中支付。[3] 该议定书的有效期为2年。[4] 这是加法尔·尼迈里总统统治期间中方与苏方签订的最后一次医疗队议定书。

在军事合作领域，中苏两国在尼迈里总统政权的最后阶段签署了一系列军事协定与议定书，其中一部分是在苏丹高级将领访问中国期间签订，另一些是在其他不同场合签订，如1977年11月由中国人民解放军副总参谋长何正文率包括空军、装甲兵以及步兵代表在内的中国高级军事代表团访问苏丹。[5] 1982年7月，双方签署了国防合作协定。此外，培训苏丹军官的计划也一直在有序开展，培训包括军官、陆军、装甲兵以及战斗机飞行员。

与中国政府的军事合作从20世纪70年代初一直开展至80

---

① 《苏丹民主共和国与中华人民共和国关于派遣医疗小组前往苏丹工作的医疗队议定书》，1980年7月10日签署，苏丹驻华大使馆档案。

② 苏丹驻华大使馆向苏丹外交部次长递交的报告，1985年9月6日，14/1/BSS号，题为《对苏中关系发展的评价——政治关系》，第10页，苏丹驻华大使馆档案。

③ 《苏丹民主共和国与中华人民共和国关于派遣医疗小组前往苏丹工作的医疗队议定书》，1984年6月25日签署，苏丹驻华大使馆档案。

④ 同上。

⑤ 苏丹驻华大使向苏丹外交部次长递交的报告，1977年9月18日，机密/保险箱/BSS号，苏丹外交部档案。

年代初，参加谈判的政府官员有国防部负责对外关系的官员，而随行人员则通常来自军火公司。中方的政府负责人在谈判后，便会批准苏方提出的要求。然而自 1981 年以来，双方的往来出现了新形式。当时，中国向友好国家提供的军事贷款以新的方式出现，并以中国的货币“元”为计算单位，这种贷款的最大特征就是允许偿还的期限延长为 10 年，有时甚至至 15 年。苏丹军方认为，即便不考虑苏丹与别国的关系的友好程度，这种便利条件是他们在与世界上任何其他国家交流时从未遇到的。在尼迈里总统统治的最后一年，双方的交流开始体现新特征，双方之间的联系开始体现为不同军火公司之间的直接交流，为了推销商品，中国国防部下属的军火公司与其他军火公司之间的竞争日益激烈。然而对外国的贷款仍然由中国人民解放军的总领导层掌控。①

苏丹尼迈里总统统治时期最后一次访华发生于 1985 年 4 月 1 日，在苏丹社会主义联盟与中国共产党之间的政治合作框架下，应中国共产党之邀，社会主义联盟总书记穆罕默德·阿卜杜·卡迪尔·欧麦尔·艾敏率代表团出访中国，并与中国共产党总书记胡耀邦、国家主席李先念进行了会晤。② 苏丹代表团在中国出访期间，苏丹的民众力量正在反抗加法尔·尼迈里总统的统治，反对党及各行业工会组成了广泛的政治联盟，以推翻其政权。1985 年 4 月 3 日，苏丹爆发了全面的政治罢工以及组

---

① 欧麦尔·阿卜杜·嘎迪尔·巴希尔参谋长，哈桑·易卜拉欣·贾德·克里姆指导，《苏丹民主共和国与中华人民共和国关系》，出处同上，第 65、67、69、70 页。

② 关于苏丹社会主义联盟代表团与中国共产党的会晤报告，1985 年 4 月 3 日向外交部发送的电报，也可参见 1985 年 3 月 19 日 25/1/6/亚洲/KHW 号，苏丹外交部向苏丹驻华大使馆下发的信件。

织严密的人民起义，呼吁加法尔·尼迈里政府下台，并号召进行自由的全民选举。随着政治罢工逐渐在苏丹绝大多数城市蔓延，苏丹民众也走上街头高呼尼迈里总统下台，一些苏丹武装军队的军官也加入了民众的起义，这迫使军方领导层接管政权，以终结广大民众与被民众反对的政府之间的冲突，并宣布全国处于接管时期，直至进行国会的普选。事实上，在尼迈里总统对美国进行正式访问期间，也正是执政党社会主义联盟总书记访问中国期间，军方领导接管了政权，并使尼迈里政权倒台。

随着加法尔·穆罕默德·尼迈里总统下台，苏丹与中国之间活跃交往的重要历史时期也随之终结。

第四节　对1969年—1985年中国向苏丹提供经济、技术援助本质的基本评价

在本研究结束之前，有必要对文章中所涉及时期的中国对苏丹的经济援助之条件及本质进行考察，因为这种经济合作经验是值得研究的典型。中国在这段时期向苏丹提供了4.45亿元人民币的经济援助，如果与世界经济组织，如世界银行、国际货币基金组织及其他机构与国家向苏丹提供的贷款相比，这笔贷款似乎并不高。但如果对中国利用这笔贷款所实施的工程项目稍加留意，便能发现其所带来的实际效益极其可观。如上文所述，中国利用这些贷款进行了25个重要工程的建设，截至1984年9月，其中11项已竣工，而另外3项工程也开始上马。已完成的重要项目有友谊厅、纺织厂、瓦迪哈勒法（Wādi Halfā）的渔业项目、水稻种植、建设重要道路与桥梁等。中国在该时期项目实施中花小钱，办大事的原因在于以下几个方面：

1. 中国非常清楚大多数发展中国家政府的情况，乐于以与

受援国的负责人合作实施项目的方式，向受援国提供经济援助。

2. 在此时期，中国倾向于建设基础设施，一份官方报告指出，中国在苏丹建设的项目中，有 53.3% 是基础设施建设，如道路、工厂、农业、医疗机构。

3. 中国贷款还款期为 10 年，豁免期为 15 年，可以以苏丹出口商品作为偿还，并可在项目结束后 10 年分批偿还。而中国在当地项目所产生的费用则来自中国商品在苏丹市场出售所得，以此达到减少成本的目的。

4. 任何项目，只有在其正式动工时才开始利用贷款的款项。

5. 中国政府承担了项目研究的各项经费，从而使苏丹政府减轻了负担，而在其他经济合作项目及贷款中，这笔经费通常由苏丹政府负责。

6. 在中国实施项目中所使用的技术价廉、实用且易于掌握。

7. 中国坚持其在苏丹工作的专家和工程师与苏丹本地的专家同等待遇和级别。例如，在建设友谊厅时，中国工程师的工资不超过 30 苏丹镑，并且住在费用低廉的集体宿舍中。

8. 中国工程师非常重视向苏丹同行传授经验。

9. 中国经济合作工作队并未给苏丹负责安全的有关方面造成任何负担，他们非常尊重苏丹人民的习俗与文化，非常有秩序，待人诚恳，非常遵守当地法律。

10. 截至到 1974 年，苏丹所获贷款中半数以上来自中国，远远超过苏联及社会主义阵营向其提供的贷款，而且其他社会主义国家还向苏丹收取贷款 2% 至 3% 的年利率。

直到尼迈里总统下台，中国始终秉承着这样的原则。尽管自 1978 年起，中国就表示将在其向友好国家提供对外经济援助时将采取新的制度，且在 1982 年便确定了这种新政策的形式，但在 1985 年之前，中国一直以 1964 年周恩来总理所宣布的八项基本原则为基础与苏丹进行友好往来，这证明中国与苏丹往来时表现出极高的灵活性。

通过本章的论述不难看出，苏丹与中国之间在这段时期的关系十分友好且具有特色。尽管双方在经济和技术领域的友好合作是双方合作的重要表现，但并不仅仅局限于此，双方在地区及国际问题方面保持着密切的政治合作，在面对苏联势力的渗透方面步调清晰一致，在中国与苏联的争端方面，苏丹在很大程度上采纳中国的建议。我们可以注意到，苏丹的领导人及官方媒体在谈到苏联的状况时，一直采纳的是中国的说法，而本文业已指出，在非洲的霸权主义当时只是针对苏联而言。苏丹在国际及地区组织内坚持支持中国，其中最重要的活动当属苏丹支持中国恢复联合国的合法席位。加法尔·尼迈里政府统治之初试图在思想和组织上借鉴中国的社会主义经验，而且也于1971年7月派遣苏丹社会主义联盟前往中国取经，考察其是否适用于苏丹的状况。苏丹外交部1973年7月的一份报告指出，政坛领导人已经决定在苏丹的社会主义建设中借鉴中国经验，但或许由于与苏丹共产党人的矛盾，对社会主义阵营国家的敌意，也可能出于政权的考虑，尼迈里政府很快就放弃了社会主义的设想，而在苏丹实施一种不与中国在意识形态上加以捆绑，却同时与其保持紧密的战略合作关系的制度。

在文化方面，两国在此期间增进了友好的民间关系。在两国关系史上，这一领域的体育、文化代表团交流不论在数量上还是质量上都前所未有。尽管距尼迈里总统下台已经过去19年，但这一时期的文化活动仍然时时出现在人们的脑海里，每当苏丹杂技团的音乐声想起，苏丹几代人便会回忆起那些不远万里来到苏丹北部、中部、南部偏远村落的中国医生，他们与当地居民同吃同住，为他们减轻病痛。

至于在军事领域，对 1995—1996 年中国向苏丹提供的 3.76 亿美元的无息贷款，苏丹军事专家表示高度赞扬，因为这次军事援助对增强苏丹军队的防御能力大有裨益。① 1969—1985 年，据估计，中国向苏丹提供了不少于 2 亿美元的军事贷款。苏丹军官交口称赞中国向他们提供的援助，认为这种援助真诚、效率高，且不附加任何条件。他们注意到，尽管苏丹发生了政权更替，但苏丹与中国的防御合作关系却并未受到任何影响，与别国不同的是，中国从不因政治原因向他们施加任何压力。他们也注意到，中国军事专家在苏丹生活简朴，这正是中国极力避免向苏丹财政施加任何压力的最好证明。②

在苏丹南部问题上，中国具有比尼迈里政府更为长远的眼光。中国一直以来都相信只有和平的政治手段才能解决该问题，因此对 1972 年 3 月签署《亚的斯亚贝巴协议》表示欢迎，并支持重新移民计划，对 1983 年该政府执行新制度的危险性，中国以直接或间接的方式进行提醒，并再三提到必须以和平手段解决该问题。即使该政府已下台，但中国仍然坚持对该问题的处理意见。

尽管加法尔·尼迈里政府最终下台，但在其统治时期，该政府与中国签订了一系列政治、文化、经济协定，两国频繁互访，这对增进苏中两国人民友谊、缔造有建设性的战略伙伴关系是功不可没的。尼迈里政府之所以对苏中友谊的评价如此之高，原因就在于中国从不介入苏丹内政，且其项目实施，不论是在路桥建设、纺织厂工程还是发展农业、医疗卫生领域，都自始自终以苏丹人民的利益为重。

---

① 欧麦尔·阿卜杜·嘎迪尔·巴希尔参谋长，哈桑·易卜拉欣·贾德·克里姆指导，《苏丹民主共和国与中华人民共和国关系》，出处同上，第 107 页。

② 同上。

第四章

1985年4月—1989年6月期间的苏丹与中国关系

1985年4月—1989年6月期间，苏丹经历了两次政府的更迭：一次是1985年4月—1986年4月的过渡政府；一次是1986年4月—1989年6月由萨迪克·马赫迪总理领导的政府。本章分为两节：第一节讨论1985年4月—1986年4月的苏中关系；第二节讨论1986年4月—1989年6月的苏中关系。

第一节　1985年4月—1986年4月过渡政府时期的两国关系

据外交文献表明，苏丹人民起义的领导者们深知苏中关系对苏丹外交政策所具有的重要性，因此法里格·阿卜杜·拉赫曼·穆罕默德·哈桑·苏瓦尔·达哈卜所领导的新政府甫一上任，便在局势稳定后不久后立刻与中国驻喀土穆大使举行会晤，法里格总统向中国驻苏丹大使介绍了苏丹局势，表示苏丹非常重视与中国发展友好关系，并要求他向中国政府转达苏丹对中方向其提供各项援助的诚挚谢意和赞赏。①

中国的新闻机构每天都对苏丹人民起义的新闻进行追踪报道，苏丹驻华大使馆的新闻报告指出，中国主要新闻机构对起义的报道方式表明了两国人民休戚与共的美好情谊。苏丹新政权刚成立一个月，中国就向其表明了这种友好感情，当时的中共中央总书记胡耀邦曾于 1985 年 4 月 29 日向苏丹加急运送了 4 月 3 日才完成捐献的 1.5 万吨玉米，为遭受干旱而导致大面积粮食欠收的苏丹提供援助，以响应苏丹新政权向国际社会发起的紧急求助呼吁。苏丹驻华大使于 1985 年 5 月 8 日签署了中国对苏援助文件，在此次捐助后，截至 1985 年 5 月，中国已累计向苏丹捐赠了 2.225 万吨粮食援助。② 中方认为军队之所以掌权，是由于经济恶化、通货膨胀、粮食价格高涨以及加法尔·尼迈里政府无力解决苏丹南部问题，《北京周报》的一篇对过渡政府表示大力支持的评论文章这样指出："几乎就在政变的那一刻，新政府便得到了军界和苏丹民众的广泛支持。"③

《北京周报》于 1985 年 6 月刊登了另一篇题为《苏丹新领导致力于打造新关系》的文章，对喀土穆的新政权采取的新外交政策予以赞扬，文章提道："在苏丹继续与埃及、沙特、美国维持其传统关系的同时，过渡军政府委员会也在竭尽全力与埃塞俄比亚、利比亚及苏联改善关系。"文章作者认为这种政策旨

---

① 苏丹驻华大使报告，1985 年 4 月 16 日，1/3/bss 号，题为《中华人民共和国对军方掌控苏丹政权的反应之观察》，苏丹驻华使馆档案。

② 苏丹驻华大使穆罕默德·哈穆德·马塔尔致外交部副部长的信件，1/5/2/bss 号，1985 年 5 月 11 日，题为《粮食援助备忘录的签署及互换》，苏丹驻华使馆档案。

③ 李宏（根据原文音译），《苏丹过渡军事议会》，《北京周报》，1985 年 4 月 22 日，第 16 期，第 12—13 页。

在使苏丹的政策比较中立，文章还提道："苏丹新领导阶层强调，苏丹与世界各国在互相尊重及尊重苏丹主权的基础上建立关系，苏丹绝不会成为任何大国的附庸。"①

文章充分说明了中国对苏丹内战的关切，中方关注苏丹南部各股人民力量在约翰·加朗的领导下为解放苏丹而与政府军之间进行的持续斗争。文章中提到："苏丹离和平还很遥远，政府军绝不会通过军事手段平息武装冲突，而加朗所领导的运动也绝不会直入首都推翻政权。"这表明了中国对此事的观点，那就是苏丹南部的冲突绝不可能通过武力得到解决，而必须寻求和平的政治解决之路。②

在经济合作方面，苏丹新政权执政仅 3 个月后，中国就积极寻求与新政府的合作机会。1985 年 7 月，中国农业生产资料集团公司代表团访问苏丹，旨在打开苏丹市场，访问期间代表团与苏丹商业、工业商会代表及新政府的相关负责人进行了会晤。③

1985 年 10 月 21 日，作为庆祝 1964 年 10 月 21 日革命胜利庆典活动的一个重要环节，喀土穆的友谊成衣工厂举行了开业仪式，苏丹能源和矿业部长为开业活动剪彩。

1986 年年初，苏丹新政府的高级代表团前往中国进行访问。1986 年 1 月 11 日至 19 日期间，苏丹政治军事高级代表团对中国展开访问，代表团由过渡军事委员会成员兼武装部队总参谋

---

① 赵竹修，《苏丹新领导致力于打造新关系》，《北京周报》，1985 年 6 月 24 日，第 25 期，第 13—14 页。

② 李宏，《苏丹和平希望渺茫》，《北京周报》，1985 年 9 月 23 日，第 15—16 页。

③ 苏丹驻华大使致外交部副部长的信件，2/1/bss 号，1986 年 11 月 27 日，题《为关于苏丹外交政策一书的信息》，苏丹驻华使馆档案，苏丹外交部档案。

长法里格·穆罕默德·陶菲格·哈利勒率领，由过渡委员会成员及多位部长组成。此次访华原定于 1985 年 4 月 6 日军事政变、武装部队掌握政权后进行，但据苏丹外交部的说法，由于双方当时的情况，此次访华被推迟至 1986 年年初。[①]

双方于 1986 年 1 月 13 日进行了正式会谈，苏方由法里格·穆罕默德·陶菲格·哈利勒主持，中方则由中国国务院副总理田纪云主持，苏方向中方表明了其外交政策的原则，并介绍了苏丹当时的国内现状。

中国对新政府表示欢迎，认为苏丹是中国人民的老朋友。值得注意的是，中方在此次会谈中集中讨论了苏丹南部问题，田纪云指出，中国和苏丹都是多民族国家，中国乐于见到苏丹解决好多民族的问题，在维护国家领土完整的基础上实现统一，并介绍了中国在处理民族问题上的经验。田纪云指出，中国尊重少数民族，尊重其风俗习惯和文化，帮助其发展经济，并给予其优惠待遇，如减免税收等。他提到："我们知道苏丹南部非常富有，但还需改善那里的交通，这样才能实现对资源的发展和利用……中国对过渡政府为维护民族和平所做的努力表示赞赏。"[②]

双方在此次会谈中一致同意成立政治文化委员会、经济贸易委员会及军事委员会，以便从各个方面讨论两国关系。

当天，政治文化委员会召开会议，由苏丹住房建设部部长

---

① 苏丹外交部报告，25/1/6/亚洲/hw 号，1986 年 2 月 4 日，1986 年 1 月 11 日至 19 日过渡军事委员会成员兼武装部队总参谋长法里格·穆罕默德·陶菲格·哈利勒率团访华总结报告全文，第 1—5 页。

② 苏丹驻华使馆致外交部的信件，13/8/bss 号，1986 年 1 月 18 日，附件为 1986 年 1 月 11 日至 19 日过渡军事委员会成员兼武装部队总参谋长法里格·穆罕默德·陶菲格·哈利勒率团访华会谈纪要，第 2、3、4 页，外交部亚洲司，喀土穆。

艾敏·马基·马德纳主持，他在会议中指出，苏丹认为中国解决多民族问题的经验非常有益，有助于苏丹找到解决多民族、发展不平衡问题的方法。在谈到双方的文化关系发展时，他提到，由于苏丹国内的经济状况欠佳，无力负担文艺代表团沉重的旅行费用，因此苏丹未能履行双方此前签署的文化协议中的某些条款，他对此表示遗憾。中国在此次会议上表示将向苏丹提供包括中国乐器等在内的文化援助，苏丹也邀请中国文化部及宣传部派代表团访问苏丹。①

经贸委员会于 1986 年 1 月 13 日召开会议，苏丹向中方提出，希望能参与农业、工业等领域的共同生产项目，苏丹还提到贸易不平衡加剧，特别是中国从苏丹购买的棉花量急剧下降的状况，希望从中国获得新的贷款及粮食援助以应对干旱。中方对无法提供新贷款表示歉意，因为自 1984 年以来新项目尚未确定，中方希望能确定这些项目并加以实施，此后再考虑提供贷款的可能性。中方表示，苏丹妥善利用总额约 8900 万元人民币的贷款余额，并指出中方在近期内很难提供新的贷款，中方也未在此次会议上提及粮食援助的相关事宜。② 就苏方提出的向苏丹购买棉花事宜，中方指出，自 1983 年以来，中国已经实现了棉花自给，至 1985 年，中国已经成为棉花出口国，中国现存大量棉花亟待出口，双方应重新探索活跃双方贸易往来的新途径。在谈到两国的贸易议定书时，中方在 1986 年 1 月 14 日的

① 苏丹驻华使馆致外交部副部长的信件，13/8/bss 号，1986 年 1 月 13 日，附件为过渡军事委员会成员兼武装部队总参谋长法里格·穆罕默德·陶菲格·哈利勒率团访华会谈纪要，第 11—19 页，文化政治座谈会，马里尤·乌图·安图尤恩整理，苏丹驻华使馆档案。

② 苏丹驻华使馆致外交部副部长的信件，13/8/bss 号，1986 年 1 月 13 日，附件为过渡军事委员会成员兼武装部队总参谋长法里格·穆罕默德·陶菲格·哈利勒率团访华会谈纪要，经济委员会座谈会，1985 年 1 月 13 日，第 11、12 页。

座谈会上要求双方的贸易额应根据实际情况制定，而苏方却坚持认为双方的贸易额应达到各 5000 万美元，中方最终同意了苏方的要求。①

此次访问期间，双方签署了一系列议定书。1986 年 1 月 16 日，双方签署了关于执行 1984 年 12 月 15 日经济技术合作协议的议定书，根据该议定书，双方一致同意对两国政府于 1984 年 12 月 15 日在信件往来中确定的三个项目的可行性加快执行和研究，这三个项目为：使哈萨黑萨的纺织厂达到其设计运能及扩大生产、在白尼罗河两岸 4 万至 6 万费丹的土地上种植水稻，以及如何利用苏丹的草药和在沙漠化防治方面互相借鉴经验。议定书指出，中国政府在对这些项目进行研究并确定其可执行后，应着手实施这些项目，并以 1984 年 12 月 5 日签署的中国对苏丹贷款中拨款支付相关费用。② 这个议定书还增加了另一个项目，即派遣中国专家对在苏丹建设粮仓的可能性进行研究。③ 当天，双方还签署了两国《一九八六年贸易议定书》，根据该议定书，双方的贸易额应各为 500 万美元，其中包括苏丹向中国出口的棉花、阿拉伯树胶、牛奶、铬、花生、铜铁屑。④

当天，双方还签署了组建苏丹共和国与中华人民共和国

---

① 出处同上，经济委员会会谈纪要，1986 年 1 月 14 日，第 3 页。

② 苏丹驻华大使致外交部副部长的信件，13/8/bss 号，1986 年 1 月 18 日，题为《1986 年 1 月 16 日于北京签署的协议》，也可参见《1986 年 1 月 16 日关于执行苏丹共和国与中华人民共和国于 1984 年 12 月 15 日签订的经济技术合作协议的议定书》，苏丹外交部档案，苏丹驻华使馆关于此档案的备份。

③ 苏丹驻华大使穆罕默德·哈穆德·马塔尔致外交部的信件，2/2/bss 号，1986 年 9 月 20 日，题为《对外经济贸易关系部部长助理访问苏丹》，苏丹驻华使馆档案。

④《苏丹共和国政府和中华人民共和国政府一九八六年度贸易议定书》，签订于 1986 年 1 月 16 日，北京，苏丹外交部档案。

经济、贸易合作混合委员会的协议，其目的在于继续执行双方在经贸领域已签署的合作协议，寻求扩大双方合作范围的可能性，为各项协议的审批做准备，在双方认为有必要的情况下，委员会可在喀土穆或北京轮值开会，该协议自签署日起生效，为期 5 年，若非一方要求终止，该协议到期将自动续约 5 年。①

1986 年 1 月 16 日，双方签署了中国、苏丹文化与教育合作会谈纪要。②

双方在该领域的会谈纪要指出，中方继续每年向苏方提供 20 个奖学金名额，并承担苏丹留学生毕业后回国的国际旅费，中方愿意向苏方提供部分杂技演出道具和中国民族乐器，中方欢迎苏丹民间艺术团 1987 年访华并承担该团在中国民航段的往返国际旅费。③

访问结束后，双方于 1986 年 1 月 19 日联合发表新闻公报，对两国关系的进展表示十分满意。

中方在新闻公报中表示，中方对苏丹政府所奉行的独立公正、睦邻友好以及维护国家统一的政策表示赞赏。④

此次访问是 1985 年 3—4 月苏丹人民起义后对中华人民共

---

① 苏丹外交部报告，5/1/6/亚洲/khw 号，1986 年 2 月 4 日，法里格·穆罕默德·陶菲格·哈利勒率官方高级代表团出访总结报告全文，附件为《组建苏丹共和国与中华人民共和国经济、贸易合作混合委员会的协议》全文，签署于 1986 年 1 月 16 日，苏丹驻华使馆档案。

② 苏丹驻华大使致外交部副部长的信件，13/8/bss 号，1986 年 1 月 18 日，题为《1986 年 1 月 16 日于北京签署的协议》。

③ 文化政治委员会会谈纪要，马里尤·乌图·安图尤恩整理，苏丹驻华使馆档案。

④ 1986 年 1 月 19 日苏丹—中国联合声明全文，过渡政府委员会兼武装部队总参谋长法里格·穆罕默德·陶菲格·哈利勒于 1986 年 1 月 11—19 日访华后颁布，苏丹外交部档案，亚洲司，喀土穆。

和国的首次高层访问，这足以说明苏丹与中国关系的特殊性。

此前该代表团曾对苏联进行过访问。从政治方面来讲，这次访华充分说明，虽然中国政府在非洲地区的盟友，即加法尔·尼迈里的政府倒台了，但这不会对苏丹与中国之间由来已久的历史关系造成任何影响。同样，中国政府也宣布支持新政权，并对苏丹持续内战表示担忧，为此，中国介绍了一些自己解决民族问题的经验供苏丹领导人参考，希望他们能找到一条停止战争、维护国家统一的途径。在此次访问中，代表团并未在经贸领域取得预期效果，中方并未提出新的经济援助，而只是与苏丹就此前未完成协议的执行情况签署了执行议定书。中方此举也许是考虑到代表团代表的是过渡政府，而中方想寻求更稳定的政府合作。

在贸易领域苏丹未能达到预期目标。中方没有向苏丹继续购买棉花，并且要求将议定书的期限改为 3 年，而不是此前的每年重签。尽管如此，中方对在良好基础上发展两国经贸关系的诚挚愿望是清晰可见的，这也正如国务院副总理田纪云在 1986 年 1 月 12 日于正式会谈前为代表团举行的欢迎宴会上的发言所述："苏丹与中国二十年来志同道合，互相支持，尽管世界风云变幻，然而两国仍然坚守和平共处五项原则……中国政府愿与贵国政府在平等互利的基础上一起寻求经济、技术领域合作的新形式与新领域，为了共同发展而使两国的合作范式更为多样化。"①

总的来说，此次访问虽未达到预期目标，但也收获良多，其中最大的收获便是成功签署了成立苏丹—中国经济、技术、

---

① 国务院副总理田纪云在为法里格·穆罕默德·陶菲格·哈利勒所率领的苏丹代表团举行的欢迎宴会上的发言全文，1986 年 1 月 12 日，根据中文稿翻译，苏丹驻华使馆档案。

贸易联合委员会的协议，这是继 1959 年双方建立关系以来首个为两国经贸领域合作规划框架的协议。

中国对苏丹新近政治局势十分关注，对发展两国政治关系也非常重视。1986 年 1 月，中国成立了中国苏丹友好协会，该协会由中国全国人民代表大会中在政治、科学与教育方面的杰出代表组成，由人民代表大会常务委员莫文骅担任主席。1986 年 1 月 29 日，该协会举行成立晚会，苏丹驻华大使及使馆人员应邀出席。[①]

中国国家主席李先念曾于 1986 年 3 月出访孟加拉、斯里兰卡、埃及、索马里和马达加斯加五国。这次苏丹未被列入李先念主席的出访计划之内，苏丹领导人责成苏丹驻华大使与中国相关负责人探讨，希望将苏丹纳入主席的出访计划。当时苏丹大使与中国外交部的礼宾司司长进行会晤，向他转达了苏丹邀请中国国家主席访问苏丹的诚意，以作为苏丹领导人访华的回访，并指出，苏丹此前多次向中国领导人发出邀请，最近的一次即在法里格·穆罕默德·陶菲格·哈利勒访华期间，苏丹非常希望中国领导人能回访苏丹。中方对此的回复是将有一位中国高级领导人对该地区进行访问，而苏丹将是其中一站。苏丹大使将此回复向苏丹外交部通报，他认为中国总理赵紫阳将会在 1986 年下半年对该地区进行访问，苏丹将是总理访问的一站。[②] 然而赵紫阳总理此后并没有访问苏丹。

---

① 苏丹驻华大使穆罕默德·哈穆德·马塔尔致外交部副部长的信件，a/1/bss 号，1986 年 2 月 6 日，题为《成立中国与苏丹友好协会》，苏丹驻华使馆档案。

② 苏丹驻华大使穆罕默德·哈穆德·马塔尔致外交部副部长的信件，4/1/bss 号，1986 年 2 月 6 日，题为《中国国家主席对埃及、索马里及马达加斯加的访问》，苏丹外交部档案。

第二节　1986 年 4 月—1989 年 6 月苏丹第三次民主时期的两国关系

1986 年 4 月，过渡政府时期结束，苏丹进行大选，乌玛党主席萨迪克·马赫迪出任总理，乌玛党成为执政党，与民主联盟党组建联合政府。中国立刻向苏丹发去贺电，祝贺苏丹产生了新总理，并邀请其访华。在新政府时期对中国进行首次访问的不是总理本人，而是体育及青年教育民族委员会的秘书长，1986 年 7 月的这次访问达成了以下共识：

1. 中国体育代表团于 1987 年访问苏丹；

2. 应此前中国之邀，苏丹体育代表团于 1987 年访问中国，并于此次访问期间讨论 1987 年至 1988 年的体育计划；

3. 中国向苏丹提供教练员的短期培；

4. 中国增加对苏丹在体育设备或教练员方面的援助。

1986 年 9 月 27 日—10 月 23 日，中国经济代表团访问苏丹，在访问期间，双方为实施一些项目而签署了一些文件，这些项目的经费将从 1984 年 12 月 15 日中国向苏丹提供的贷款中扣除，文件内容如下：

1. 在北喀土穆（Al-Khartūm Baḥrī）建立储量为 1.2 万吨的粮仓；

2. 在恩图曼建可容 150 张床位的医院；

3. 对友谊厅进行翻新与修缮；

4. 派遣技术代表团学习，以及确定上述项目的各项所需。

1986 年 11 月，中国代表团抵达苏丹，对在白尼罗河两岸种植水稻的可能性与效益进行研究。同年 7 月，中国派遣专家，研究如何利用苏丹的草药，并于1986年12月提交研究结果。①

1986年9月中国共产党向民主联盟党及乌玛党发出了访华的邀请。两党负责人均对此事十分积极，并表达了与中国驻苏丹大使分别进行会晤的愿望，以此与中国共产党之间建立良好关系。中国共产党中央委员会对外联络部副部长朱善卿提到，中国将负担苏丹两党代表团的往返费用，并负责代表团在华期间的招待费用。② 他还提到，在加法尔·尼迈里政府统治期间，中国共产党与苏丹社会主义联盟的关系建立于以下四个基础，即独立、平等、互相尊重、不干涉内政。③

在两国交流科学经验领域方面，双方也取得了一定成果。1986年9月12日—1986年10月3日，苏丹技术代表团访华，学习中国在治理沙漠化方面的经验，率团出访的戴法阿拉·艾哈迈德·戴法阿拉教授指出，双方一致同意在兰州的沙漠研究所与苏丹政府之间建立合作，建立沙漠化治理与重建研究学院，并敦促致力于治理沙漠化与重建的国际组织向中国取经，以使中国经验能够在苏丹及其他非洲国家因地制宜地得以应用，双方还一致同意派遣苏丹治理沙漠化的专家及技术人员在兰州沙漠研究所进行短期培训。④

1986年10月，中方同意在北喀土穆援建容量约为1.2万吨

---

① 苏丹驻华大使穆罕默德·哈穆德·马塔尔致外交部副部长的信件，4/1/bss号，1986年2月6日，题为《中国国家主席对埃及、索马里及马达加斯加的访问》，苏丹外交部档案。

② 苏丹驻华大使穆罕默德·哈穆德·马塔尔致外交部副部长的信件，1986年10月4日，a/1/1/bss号，题为《中国共产党向苏丹党派的邀请》，苏丹驻华使馆档案。

③ 出处同上。

④ 1986年9月12日—1986年10月3日期间苏丹技术代表团为学习中国在治理沙化方面经验的访华之行报告，1986年10月18日，1/a/115号，苏丹森林管理局，报告抄送苏丹驻华使馆，亚洲司档案，苏丹外交部。

的粮仓，该项目的费用从两国政府于 1984 年 12 月 15 日签署的经济技术合作协议的贷款中扣除。①

同年，苏丹文化展览在中国成功举办，双方交流了大量音像视频资料。② 中国对苏丹南部的局势依然十分关注，并宣布支持萨迪克·马赫迪总理给予苏丹南部自治权的决议，中方确信，苏丹南部问题只有通过和平对话才能解决，解决苏丹南部问题以及中央政府与苏丹南部领袖分歧的唯一途径就是和谈。③ 1986 年 3 月，萨迪克·马赫迪总理宣布建议给予苏丹南部自治权。④

1986 年，国务院副总理李鹏率团出访非洲国家，10 月 11 日—13 日期间，作为代表团成员之一的中国外交部副部长齐怀远在结束对包括埃及在内的非洲国家的访问后出访苏丹。1986 年 10 月 11 日，双方举行正式会谈。由于苏丹外交部部长不在喀土穆，因此苏方由卫生部部长主持会谈，他对中国支持人民起义的态度表示赞许，并指出苏丹正在与苏联实现关系正常化，苏丹希望中方能尽快实施第五期的贷款项目，推进双方文化议定书的开展。⑤ 齐怀远副部长在访问期间与穆罕默德·易卜拉欣·哈利勒进行会晤，后者赞扬中国的对外

---

① 中华人民共和国驻苏丹大使刘华于 1986 年 10 月 22 日致苏丹共和国金融与经济规划部部长巴希尔·欧麦尔·法迪尔拉博士的信件，苏丹外交部经济管理司文件，喀土穆。

② 中国与苏丹的双边关系，由苏丹驻华大使安瓦尔·海迪·阿卜杜·拉赫曼于 1992 年 5 月 28 日，即正值水利灌溉部部长雅古布·艾布·舒拉访华期间（1992 年 5 月 29 日—6 月 8 日）整理，苏丹驻华使馆档案。

③ 《北京周报》，1987 年 3 月 24 日，第 12 期，第 10 页。

④ 同上。

⑤ 苏丹外交部副部长给苏丹驻华大使的信件，1986 年 10 月 22 日，25/1/6/亚洲/khw 号，附件为中国外交部副部长于 1986 年 10 月 11 日—13 日访问苏丹报告，苏丹外交部档案，亚洲司，喀土穆。

开放政策，并邀请中国全国人民代表大会代表团访问苏丹。[①] 当天，齐怀远副部长还与全国委员会主席进行会晤，后者对两国关系的进展表示赞许，并表示苏丹希望中方能够在苏丹北部地区援建一条具有战略意义的重要公路，即从喀土穆—善迪（Shandī）–阿特巴拉的公路，齐怀远副部长承诺将向中国领导人转达此事。

这是1985年3—4月的人民起义后中方高层领导对苏丹进行的第一次访问，这次政治访问的目标旨在了解苏丹的政治经济形势状况。

苏丹驻华大使向中方领导人表示，希望李鹏副总理在该地区进行访问期间能出访苏丹，但中方表示，李鹏副总理早在1984年已出访苏丹，因此对苏方的要求表示歉意。[②] 但苏丹方面对这个理由并不满意，因为李鹏副总理当年出访的时代与苏丹当时所处的时代并不相同。

1986年10月，友谊厅落成十周年，中国积极参与庆典活动，对外经济贸易合作部部长助理出访苏丹，并与苏丹卫生部部长进行会晤，但在此次访问中中方领导人并未开展经济会谈。[③]

随着政府军在苏丹南部击落民航客机，政府军与约翰·加

---

① 苏丹外交部副部长给苏丹驻华大使的信件，1986年10月22日，25/1/6/亚洲/khw号，附件为《中国外交部副部长于1986年10月11—13日访问苏丹报告》，苏丹外交部档案，亚洲司，喀土穆。

② 苏丹驻华大使致外交部副部长的信件，1986年9月12日，a/1/1/bss号，题为《1986年9月10日苏丹驻华大使与西亚北非司处长朱应鹿就中国外交部副部长于1986年10月11—13日访问苏丹相关事宜的会晤》，苏丹驻华使馆档案。

③ 外交部副部长致苏丹驻华大使的信件，1986年10月22日，25/1/6/亚洲/khw号，题为《外交部副部长于1986年10月11—13日期间访问苏丹》，喀土穆外交部亚洲司档案。

朗领导的苏丹人民解放运动军队之间的停火协议也中止了，事态再次严峻，战争一触即发，但与此同时，呼吁双方保持克制和寻求政治解决的呼声也不绝于耳，中方再次对苏丹中央政府与约翰·加朗领导的苏丹人民解放运动撕毁停火协议表示担忧，《北京周报》发表文章，提到："苏丹政府似乎准备使用武力来解决苏丹南部问题，但其成效却令人怀疑，因为在苏丹发生的内战主要是政治问题，而不是能够通过武力来解决的军事问题。"①

苏丹中央政府重视两国关系，希望其能健康发展，免于陷入危机与误会，因此对台湾问题的态度十分明确。当某些私营企业的公司打着民主的旗号对苏丹政府施压，希望能允许它们以自由贸易之名为台湾的统治集团开放贸易通道时，以苏丹内阁与外交部为首的部门均表示反对，并在与这些团体的谈话中谨慎处理，因为中华人民共和国与苏丹之间的关系是不容动摇的。②

这些公司及其代表在相关贸易机构内外均不再就这些问题进行讨论。苏丹外交政策决策者们早在 25 年前，甚至更早的时候就与中华人民共和国并肩战斗，支持中国统一、收复台湾。苏丹明确表示，只与以北京为首都的中国贸易、文化及政治机构进行合作。

1987 年 1 月，双方签署在恩图曼建设职业培训友谊中心的协议，设立 4 个培训分支机构，对生产领域的 16 个工种进行职

---

① 佘杜文（根据原文音译），"内战：只与军事有关吗？"，《北京周报》，1986 年 9 月 29 日，第 39 期。

② 苏丹驻华大使致外交部副部长的信件，1986 年 12 月 24 日，a/1/1/bss 号，题为《关于与台湾的一些私营企业建立贸易关系的事宜》，政治档案，苏丹外交部档案。

业培训，其中包括民用工程、机械作业、电气、汽修等。中心每期将培训500名学员，中方负责提供设备与机器，并向该项目提供1600万元人民币的贷款。①

第二届民主政府继续加强与中国的友好关系，1987年2月12—14日期间，内阁事务部部长萨拉赫·阿卜杜·塞拉姆率干旱与发展组织代表团访华，并于1987年2月13日与外交部副部长齐怀远进行会晤。②

1987年9月25日，中国发布了在青尼罗河两岸4万至6万费丹的土地上种植水稻的可行性报告，中方认为该项目从经济角度而言不会盈利，并且需要大量资金，因此无意加入水稻种植的联合项目或为此提供资金，但中方也表示，如果苏丹从第三方获取资金投入的话，中方愿意讨论相关事宜，通过签署合同向苏丹提供经验并执行。③

1987年11月18日，苏丹外交部部长会见了由中国人大常委会副委员长王任重率领的中国代表团，王任重副委员长赞扬苏丹在联合国的坚定立场，以及苏丹呼吁越南军队撤出柬埔寨的举措，双方对两国关系的进展表示满意。在这类问题上，苏丹与中国在联合国内协调默契。④

萨迪克·马赫迪总理曾于1987年11月11日在其办公室召见中国新任驻苏丹大使，当时他声明，苏丹与中国的关系发展平稳，双方不存在龃龉与矛盾，也无敏感问题，并指出在南南

---

① 《中国建设》，1987年4月，第4期，第61页。

② 新华社，1987年2月13日，14日。

③ 临时代办巴希尔·穆罕默德·哈桑致苏丹外交部副部长的信件，1987年9月28日，a/5/2/bss号，题为《与对外经济关系部对外合作司副司长的会谈》，苏丹大使馆档案。

④ 苏丹外交部与中国人大常委会副委员长王任重率领的代表团于1987年11月18日的会议纪要，苏丹外交部亚洲司档案。

合作领域，双方的关系将会一直持续健康发展。[①]

1987年11月，中国学生联合会与青年联合会向苏丹赠送了大量农业用具。[②]

1987年年末，苏丹总理萨迪克·马赫迪访问中国，此行的目的在于巩固双方在政治、经济领域的关系，并寻求对苏丹的新一轮经济援助。萨迪克总理于1987年12月21日抵达北京，受到了热烈欢迎。此后，他与中国国务院代总理李鹏[③]举行会谈，讨论了在政治、经济领域发展两国双边关系的议题。[④] 在此次会谈中，双方就给予苏丹价值5000万元人民币贷款的事项达成一致。[⑤]

1987年12月23日，萨迪克·马赫迪总理与中共中央总书记赵紫阳举行会晤，萨迪克·马赫迪总理感谢中国对苏丹的支持和援助，他指出，苏丹愿意在互利平等的基础上发展两国关系。在发表对两国未来关系的展望后，他表示，苏丹愿意将中国的技术引入苏丹，也愿意扩大双方的贸易往来。总理还提到，苏丹在制定其四项计划之时，将集中发展各方提供资金援助的计划。赵紫阳总书记说，他在1983年访问了11个非洲国家，

---

① 萨迪克·马赫迪总理与中国驻苏丹大使于1987年11月11日的会谈纪要，苏丹外交部亚洲司档案。

② 苏丹外交部致苏丹驻华大使的信件，1987年12月9日，45/4/2/9/khw号，题为《中国学生与青年的捐赠》。

③ 1987年11月24日，六届全国人大常委会第23次会议通过了关于同意赵紫阳辞去国务院总理职务，报请七届全国人大一次会议确认的决定，同时，决定同意赵紫阳的建议，在七届全国人大一次会议决定国务院总理的人选以前，由国务院副总理李鹏任国务院代总理，行使总理职权，领导国务院的工作。——译者注。

④ 《中国对外关系，大事年鉴》，前引，第360页。

⑤ 苏丹驻华大使致外交部副部长的信件，1988年1月11日，13/8/bss号，附件为萨迪克·马赫迪总理与中国国务院副总理李鹏于1987年12月23日举行会谈的会谈纪要，苏丹驻华大使穆罕默德·哈姆德·马塔尔整理，第2页。

在访问期间，他向这些国家提出了经济技术合作四项原则，即：平等互利、讲求实效、形式多样、共同发展。中国自1983年以来一直奉行这四项原则。①

在这次会谈中，萨迪克·马赫迪总理对增进苏丹的两大党派与中国共产党之间的友好关系表示欢迎。②

1987年12月22日，双方召开经济分组会谈。中方指出，中国将于年内购买300—500吨的棉花，并指出中方已经成为棉花出口国。中方并未同意在5000万元人民币贷款之外增加新的贷款，因为仍有一些中方的项目尚在实施之中，如辛加（Sinjah）大桥、职业培训学校、友谊纺织工厂、北喀土穆粮仓、水稻种植、草药研究、乌姆·杜尔曼医院、沙漠化防治项目等，中方认为在提出新的合作项目计划之前，应首先重视这些项目的实施。③

中国与苏丹都是芝麻与花生的出口国家，在此次会谈中，双方一致同意在国际市场上就芝麻与花生的价格进行协调。苏丹要求中方关注将在喀土穆举行的投标会。④

1987年12月22日，文化委员会的分组会谈召开，双方于1987年12月24日签署了1988—1990年的文化议定书。新的文化计划书与之前的计划及议定书并无区别，内容均为促进双方的文化、体育、艺术交流，规划开设文化、艺术展

---

① 苏丹驻华大使致外交部副部长的信件，1988年1月11日，13/8/bss号，附件为萨迪克·马赫迪总理与中国国务院副总理李鹏于1987年12月23日举行会谈的会谈纪要，苏丹驻华大使穆罕默德·哈姆德·马塔尔整理，第2页。

② 出处同上，第3页。

③ 1987年12月21—23日，萨迪克·马赫迪总理访华期间，于1987年12月22日于北京召开的经济、贸易委员会会议纪要，苏丹驻华使馆临时代办巴希尔·穆罕默德·哈桑整理，苏丹外交部亚洲司档案。

④ 出处同上。

览以及书展，进行音像影视方面的交流，中方在1988年、1989年及1990年各向苏丹提供20个奖学金名额，苏丹则向中方提供5个名额。计划还规定中方派遣2名教师在音乐戏剧学院从事教学工作。①

1987年12月24日，双方签署了中国向苏丹提供的总计5000万人民币的无息贷款的协议，用以实施1991年1月1日至1995年12月31日期间的经济、技术合作项目，苏丹将从2001年1月1日起至2010年1月31日期间以可兑换的货币或苏丹出口商品及贷款已用款项的1/10进行分期偿还。对中方在债务偿还方面向苏丹提供的灵活政策，苏丹代表团表示感谢。② 应苏丹的要求，中方同意将1970年、1971年向苏丹提供的贷款延期至1991年1月—2001年12月进行偿还，而此贷款苏丹本应于20世纪80年代期间予以偿还。③ 这体现了两国经济关系所具有的精神。

同年，双方还签署了《一九八八年贸易议定书》，规定贸易额为1亿美元，双方各占一半，议定书并未规定中方向苏丹购买棉花的数量。④

代表团访华期间，苏丹外交部部长马蒙·萨纳德与中国外交部部长就双方共同关心的双边关系及国际关系展开了会谈，

---

① 苏丹共和国与中华人民共和国1988年、1989年以及1990年的文化合作执行计划全文，签署于1987年12月24日，苏丹外交部档案。

② 1987年12月24日于北京签署的苏丹共和国与中华人民共和国贷款协议全文，苏丹外交部档案。

③ 中国驻苏丹大使刘华与苏丹共和国金融与经济规划部部长巴希尔·欧麦尔·法迪尔拉博士的换文，1987年8月2日，苏丹共和国金融与经济规划部档案，也可参见苏丹《政治报》，第387期，1987年7月30日。

④ 《苏丹共和国政府和中华人民共和国政府一九八八年度贸易议定书》，签订于北京，1987年12月24日，苏丹贸易部，与中国及东亚国家贸易议定书档案。

苏方向中方外长提出请求，希望中方研究苏丹外交部大楼与苏丹外交人员大楼的设计及施工的可行性，双方还就苏丹购买在北京的苏丹驻华使馆的可能性进行讨论，同样苏丹也愿向中方无偿提供在喀土穆的1.8万平方米的土地，用以建造中国驻苏丹的使馆。①

在萨迪克·马赫迪总理访华即将结束时，双方于1987年12月23日召开新闻发布会，回答了英国广播公司、法新社关于中国—苏丹在武器领域合作实质的提问，双方在发布会中提到，苏丹与中国之间有着持续全面的军事合作计划，这些武器就是该计划的一部分。苏丹并不是一个好武的国家，中国向苏丹提供的武器只用来在必要时保卫国家。②

在此次访问期间，萨迪克·马赫迪总理对继续保持两国友好关系十分重视，苏丹领导阶层尽管来自不同的党派，有着不同的政治观点，但在维护两国关系这一点上却达成一致。尽管萨迪克·马赫迪总理的此行并未完全达成其既定目标，但他依然满意而归，因为他能感受到，当时的中国虽然正在加紧为经济、工业基础的现代化而努力奋斗，但仍然十分重视与苏丹的友好关系。为使纺织业在苏丹生根发展，中国做了很大的努力。1988年3月5日，双方在喀土穆签署了重建友谊纺织厂的合同，并于1988年12月17日开始实施，截至到1988年12月24日，大部分的机器与零件及设备都已到位，48

---

① 苏丹驻华大使穆罕默德·哈穆德·马塔尔致苏丹外交部的信件，1988年3月22日，a/16/8/bss号，题为《苏丹外交部官邸与苏丹驻华使馆》，苏丹驻华使馆档案。

② 苏丹驻华大使信件，1987年12月29日，13/8/bss号，附件为1987年12月23日晚为萨迪克·马赫迪总理访华结束时在新闻发布会所准备的阿拉伯语版的概要，苏丹外交部档案，新闻司。

名中国专家也已就位。①

1988 年 8 月至 9 月，暴雨及其引发的洪水席卷苏丹，苏丹迅速启动其灾后重建计划，苏丹领导人通过联合国向国际社会发出紧急援助请求。中华人民共和国常驻联合国代表知悉此事后在联合国支持苏丹发出的请求，敦促国际社会向苏丹提供紧急援助，此外，中国的民间组织和卫生部也向苏丹提供了大量食品与药品。②

应中国共产党之邀，苏丹乌玛党副总书记巴希尔·欧麦尔·法迪尔博士率团于 1988 年 9 月 19—28 日期间访华。在访问期间，代表团与包括中共中央政治局常委乔石在内的中国共产党领导人进行会晤，巴希尔·欧麦尔向中方领导人介绍了苏丹南部的局势以及苏丹政府为和平解决争端而做的努力，要求中国能帮助敦促埃塞俄比亚向与苏丹和平解决分歧的道路上迈进，不要继续支持苏丹南部的叛乱活动。③④ 在此次访问期间，双方签署了两党领导、青年代表团、妇女团体互访的协议，确定两党应在教育、培训以及文化方面增进往来。代表团了解了中国农村利用沼气的经验，并就中国向苏丹提供此类经验达成

---

① 关于哈萨黑萨友谊纺织厂设备及机器改进项目的实施合同全文，1988 年 3 月 5 日于喀土穆签署，苏丹外交部，喀土穆，经济司档案。也可参见友谊纺织有限公司致外交部的信件，1988 年 12 月 24 日，bs3/2/mmssh 号，题为《友谊纺织厂改进项目》，苏丹外交部经济司档案。

② 苏丹驻华大使穆罕默德·哈穆德·马塔尔致苏丹外交部副部长的信件，1986 年 11 月 3 日，8/bss 号，题为《与中国对外经济贸易部副部长吕学俭的会晤》，也可参见苏丹驻华大使致苏丹外交部副部长的信件，1988 年 12 月 5 日，4/1/bss 号，题为：《苏丹外交部部长访华》，苏丹驻华使馆档案。

③ 苏丹驻华大使穆罕默德·哈穆德·马塔尔向苏丹外交部副部长提交的报告，1988 年 9 月 28 日，4/1/bss 号，题为《中共中央政治局常委与乌玛党代表团团长的会晤》，苏丹驻华使馆档案。

④ 此次访问是在埃塞俄比亚总统门格斯图·海尔·马里亚姆访华之后举行的。

互信，代表团还与农业部、卫生部的领导人进行了会晤，探讨了扩大两国合作的可能性。代表团感谢中国在苏丹暴雨洪灾时提供的援助。[①] 毫无疑问，此次访问极为成功，为两党和两国之间的合作开辟了更广阔的前景。

1989 年 2 月 20 日，苏丹内政部长穆巴拉克·法迪勒·马赫迪率团再次对中国进行重要访问，在访问期间，他与中国对外经济贸易部副部长吕学俭举行了会谈，双方讨论了自中国成为棉花出口国后贸易额下降的问题，苏丹方面指出，中国向苏丹购买的阿拉伯树胶的数量锐减，甚至接近于零。苏丹方面还注意到，中国从第三方购买苏丹产品，因此要求双方购买对方产品时都应直接向对方购买，而不应该通过第三方，中方应向苏丹购买主要产品，以便于苏丹能够有足够资金去购买中国的商品和设备。穆巴拉克·法迪勒指出，苏丹有意向中方购买价值 1 亿美元的粮食、药品和农业生产资料。中方对此做了回复，自 1986 年以来中方向苏丹进口的减少主要是由于中国已成为棉花出口国，尽管中方一直试图使双边贸易关系中实现相对平衡，然而绝对的平衡是不可能实现的，中方指出，自 1989 年始，中国政府将向棉花进口公司下达指示，优先购买苏丹棉花。关于中方通过第三方购买苏丹产品一事，中方回应说，中方有时会从世界市场采购，此前中国曾向苏丹购买铬，在未曾买到的情况下只能从第三方采购。[②] 访问期间，双方签署了《一九八九

---

① 苏丹驻华大使穆罕默德·哈穆德·马塔尔向苏丹外交部副部长提交的报告，1988 年 9 月 30 日，13/8/bss 号，题为《乌玛党代表团访问中华人民共和国》，苏丹驻华使馆档案。

② 苏丹驻华使馆向苏丹外交部副部长提交的报告，1988 年 3 月 22 日，a/5/2/bss 号，题为《内政部部长穆巴拉克·法迪勒访问中华人民共和国》，苏丹外交部档案，亚洲司。

年贸易议定书》，该议定书是 1988 年签订的贸易议定书的延续。穆巴拉克·法迪勒部长就萨迪克·马赫迪总理访华期间获得的价值 5000 万元人民币的贷款的使用提出了一些建议，其中包括在喀土穆周边建设复合型农庄，既可实现当地的自给也可向周边 12 万费丹面积的地域供给产品，该建议有待各方研究。[①] 此外，部长还请求中方派遣工程师至苏丹电力行业工作，并询问中国是否可以提供在签证和其他一些证明文件上加盖印鉴的设备。[②] 在访华期间，穆巴拉克·法迪勒部长还与中国人民解放军副总参谋长徐信进行会晤，徐信参谋长认为，苏丹部长的此次访问将有助于扩大双方在经济、军事领域的贸易与合作。[③]

穆巴拉克·法迪勒·马赫迪的此次中国之行充分表明了萨迪克·马赫迪总理对与中国建立关系的重视，萨迪克·马赫迪总理及随后的政府其他高层领导人的访华为发展两国政治关系做了贡献，然而在 1983 年至 1988 年间，双方的贸易额却出现了大幅下滑：1984 年苏丹在双边贸易中实现了价值 571 万美元的顺差，然而在中方停止从苏丹购买其主要产品棉花后，苏丹就处于逆差；1985 年中国从苏丹进口了价值 87 万美元的商品，向苏丹出口了 1943 万美元的商品；1986 年中国从苏丹仅进口了价值 21 万美元的商品，向苏丹出口了价值 1781 万美元的商品；1987 年中国从苏丹进口了价值 87 万美元的商品，向苏丹出口了价值 1579 万美元的商品；1988 年中国从苏丹进口了 1470 万美

---

① 苏丹驻华使馆向苏丹外交部副部长提交的报告，1988 年 3 月 22 日，a/5/2/bss 号，题为《内政部部长穆巴拉克·法迪勒访问中华人民共和国》，苏丹外交部档案，亚洲司。

② 苏丹驻华使馆致苏丹外交部副部长提交的信件，1989 年 3 月 9 日，a/5/2/bss 号，题为《内政部部长访问中华人民共和国》，苏丹驻华使馆档案。

③ 《中国建设》，1989 年 5 月，第 5 期，第 31 页。

元的商品，向苏丹出口了价值3357万美元的商品。[①] 尽管双方的贸易额自1983年的8468万美元跌至1988年的3357万美元，但中国仍然处于贸易顺差。

这些年中苏双方贸易额的锐减主要归结为中方停止从苏丹进口棉花，由于在农业领域实施的改革开放政策，中国自1985年开始就成为棉花出口国，而苏丹向中国的出口则一直比较单一。

然而这些年的贸易额数据并没有真实反映出双方贸易额的实际情况，苏丹实业家一直通过与中国公司直接联系的方式向中国进口大量商品，他们一直前往在广东召开的广交会，与中国公司签署购买商品及轻工业产的合同。[②]

中国驻苏丹使馆商务参赞吴伟发注意到，苏丹于1986年在德国从第三方手中购买了价值100万美元的中国生产的制药原料。[③] 这证明有大量中国商品未经双方的有关机构审查便流入苏丹市场，由此可见，中方参赞也为苏丹与中国贸易之间存在着第三方而担忧。[④]

尽管中国自1989年3月起恢复从苏丹购买棉花，即中方同意向苏丹购买价值4100万美元的中短纤维棉花，但这也许是由于中国当年的棉花产量不佳。[⑤]

虽然中国购买了苏丹棉花，但中国对苏丹棉花中含糖量较

---

① 参见本书附录中的表2，前引。

② 笔者曾在1992年和1995年在广交会期间遇到多名苏丹大实业家，他们声称，自1980年以来他们就是广交会的常客，他们与一些中国公司长期保持着几百万美元的合同。

③ 《阿拉伯世界》，1992年3月，第64—67页，中国—苏丹贸易关系，吴伟发，中国驻喀土穆使馆经商处参赞。

④ 出处同上。

⑤ 见苏丹棉花公司常务董事阿卜杜·穆尼姆于1989年3月16日发出的电报，第22245号，也可参见苏丹驻华使馆给苏丹棉花公司常务董事的回电，1989年4月28日，第22116号，苏丹驻华使馆档案。

高的问题却一直比较担心。中华棉花公司副总经理曾向苏丹驻华使馆负责人报告说中国纺织工人使用了一种专门将糖分从棉花中去除的技术，中国向苏丹购买了为期大约 5 年的棉花，此后就不再购买，而此项技术也不再使用。①

直至 1986 年 6 月，苏丹中国联合经济委员会并没有讨论贸易额锐减的问题，也没有对两国的贸易往来存在的问题进行解决。在议定书的执行方面，同样存在着一些困难，苏丹驻华使馆注意到苏丹并未按照规定向中国的大学派遣留学生，例如在 1988 年，中国向苏丹提供了 20 个奖学金名额，但苏丹只派遣了 11 名留学生，而中方则按照议定书派遣了 5 名留学生前往苏丹。② 苏丹也未能完全履行在文化议定书中的一些承诺，例如举办民间绘画展，且双方在 1988 年并未交流音像及影像资料，也没有开展体育方面的交流。③

苏丹驻华大使穆罕默德·哈穆德·马塔尔认为："尽管近年来双方在贸易往来方面存在一些困难，但两国关系持续稳步发展，中方对中苏关系的发展极为重视，对出访中国的苏丹代表团尽可能提供便利，对苏丹提出的请求鲜有拒绝。"大使还提到，至少在他在京工作期间，即 1980 年 10 月—1989 年 8 月期间，两国关系未曾出现矛盾和冷淡时期。④

1989 年年初，苏丹国内政局动荡，经济状况恶化，苏丹南部的军事情况紧张，苏丹武装部队与萨迪克·马赫迪政府之间

---

① 临时代办巴希尔·穆罕默德·哈桑致苏丹驻华大使的报告，1989 年 7 月 25 日，关于与中国棉花公司

② 苏丹驻华使馆整理的报告，1988 年 12 月，题为《苏丹共和国与中国的文化及科学关系》，苏丹驻华使馆文化档案。

③ 出处同上。

④ 与驻中华人民共和国前任大使穆罕默德·哈穆德·马塔尔的访谈，al-Mas'udiyya 村，中部地区，苏丹，1993 年 8 月 13 日。

的关系也日趋紧张，以至于军方曾于1989年2月向萨迪克·马赫迪总理递交备忘录，要么接受与苏丹南部内战的政治解决，要么武装政府军，在战场上对抗约翰·加朗领导的苏丹人民解放运动，备忘录还要求进行政治、经济改革。当时统治阶层的一些领导人非常清楚，军方的这份备忘录具有明显的威胁意味。与此同时，各行各业的罢工及学生罢课的范围也开始逐渐扩大。在苏丹的政治舞台上，苏丹南部和平倡议引起的各派别之间的冲突愈演愈烈，穆罕默德·奥斯曼·米尔加尼作为民主联盟党的代表，约翰·加朗则作为苏丹人民解放运动的代表，双方于1988年11月签署了该和平倡议，乌玛党的萨迪克·马赫迪总理也对该倡议表示同意，但第三方力量即伊斯兰民族阵线却表示反对，并认为这是对约翰·加朗领导的运动的妥协，而不是一个和平的条约。在这种情势下，一些武装部队的军官于1989年6月29日通过军事政变掌握了政权，宣布进入紧急状态，解散所有的政治党派，解散立法会议，宣布由奥马尔·哈桑·巴希尔担任共和国总统。苏丹进入新的历史时期，也由此进入了中苏关系的新阶段。

中国对加法尔·尼迈里政府倒台并不意外，自1983年起，中国就建议苏丹领导人必须重新审视其对苏丹南部争端的政策，解决其经济落后的问题，而尼迈里政府在全国推行伊斯兰法，根本没有对这些问题给予重视。中国因加法尔·尼迈里政府倒台而失去其在非洲的主要盟友。中国希望苏丹在对抗苏联、抵制其势力进入非洲方面与其战略一致，然而喀土穆的两届新政府都无意介入中国与苏联之间的冲突，也不关心苏联在红海以及其他地区的活动，苏丹对苏联在该地区的政策不予置评。一些观察员认为这正是中国政坛及军方高层领导在1985年4月—1989年6月期间对访问苏丹并不热情的原因。苏丹在李鹏副总理及李先念主席访问非洲时都未被列入访问名单，这使中国领导人失去了一个认识苏丹的好机会，因为尽管加法尔·尼迈里政府倒台使中国失去了这位强有力的盟友，但这绝不会影响中国继续与苏丹发展长期友好关系。中国十分重视与苏丹的民主政党建立友好往来，当中国了解苏丹新的民主政体的本质之后，便立刻成立与苏丹的友好委员会，并使其在推动中国与苏丹以及各种政治力量的友好关系中起到良好作用，中国在此期间持续向苏丹提供技术及经济援助。苏丹领导层也对与中国发展和增进友好往来给予极大重视，这既是考虑到加法尔·尼迈里总统统治期间已经与中国建立的坚实良好关系，也是由于中国在当时对苏丹提供的经济及技术援助确实惠及了当地人民，且改善了苏丹的基础设施，这值得所有苏丹人的感谢。苏丹总理伊斯梅尔·阿扎里早在 1967 年 3 月 14 日就对喀土穆的苏丹中国友好协会的成立十分重视，他在开幕式讲话中强调了其对两国关系的重要性，这充分表明苏丹第二任民主领导人非常乐意与中国增进友好往来。笔者也曾与一些学者、政治家及领导进行多次对话，一些人认为，在苏丹民选政府统治时期，两国关系并没有获得长足发展。笔者认为其中最重要的一个原因就是民选政府执政期较短，三届政府执政时间分别为 1956—1958 年、1964—1969 年、1986—1989 年，在如此短的期限内两国很难为推动两国关系而制订长远的计划，更何况第一届与第二届民选政府对中国并未给予足够重视，这一点在第二章也提到过。两国关系在此期间发展缓慢并非由于苏丹多党派的政体与中国的政体有区别，因为中国与其他民主国家，如澳大利亚、马来西亚、印度尼西亚、法国和美国等国家都保持着良好关系。

结　　语

中苏两国领导人的第一次会晤始于1955年的万隆会议，当时中国总理周恩来与苏丹总理伊斯梅尔·阿扎里分别作为两国代表共同参加了这次世界反殖民的运动，但两国的友好情谊却并非只是这次国际会议的产物，而是有着漫长而悠久的历史。海上贸易之路自公元前就将苏丹东部的港口与远东联系在了一起，苏丹的特产，如祖母绿、黄玉等自霍特普三世（即公元前1417—公元前1379年）统治时期就已经出现在了中华大地上。一些中国学者认为，早在西汉时期，当时的统治者就与苏丹北部的库施王国建立了联系。巴迪、泊尔尼卡（阿宜宰布）、萨瓦金，这些港口至少自公元10世纪始就在两国的频繁往来中发挥重要作用。在这些港口还发现了大量瓷器碎片和古代钱币，其历史可以上溯至中国的多个朝代，这足以证明两国之间的交流史确已有千年之久。而且即使是在苏丹马赫迪革命期间以及英国殖民者重新统治苏丹期间，两国仍然以萨瓦金作为港口，保持着友好往来。

穆罕默德·阿里·哈只——这位在中苏关系中不可不提的人物对推动两国关系发挥了重要作用，19世纪末20世纪初，他在经济与社会方面为两国关系翻开新的篇章作出了突出贡献。他在中国开设的苏丹贸易办事处极有可能是苏丹在国外开设的第一个此类机构。

古代的港口城市阿宜宰布活跃了苏丹与中国，甚至也活跃了非洲与中国的友好关系。而如今，阿宜宰布不仅对研究中苏以及中非贸易往来史具有重要意义，而且对研究中国中世纪陶瓷史也极为重要。在阿宜宰布出土的瓷片发现于地表浅层，随着挖掘的深入，一定能发现更多证明苏丹与远东，特别是与中国交流的更多线索，也能提出更有力的证据，证明泊尔尼卡就是如今阿宜宰布的所在地，亦或是另有所指。

1959 年 2 月—1969 年 5 月是苏丹与中国交往的最初十年，其中最重要的事件即法里格·易卜拉欣·阿布德领导的第一届苏丹国民政府承认中华人民共和国，因为此前虽然苏丹总理伊斯梅尔·阿扎里与中国总理周恩来于 1955 年在万隆实现会晤，两位领导人也在此期间显示了其政治上的明显相近，并都强调两国将遵循万隆会议的原则，为肃清在亚非的殖民势力渗透而共同协调，遗憾的是，尽管有这次会晤，而且有大量证据表明，以渊博知识闻名的哈特米教团的领袖人物、总理所属的统一运动参谋之一阿里·米尔加尼也曾大声疾呼，认为承认中华人民共和国将对苏丹十分有利，但伊斯梅尔·阿扎里总理回国后并没有将敦促苏丹政府尽快承认中华人民共和国付诸行动。第一任通过选举产生的政府未能及时承认中华人民共和国的原因之一也许是因为在两大执政党即民主联合党和乌玛党与苏丹共产党之间存在着激烈冲突，后者在当时有着比较广泛的基础，他们毫不掩饰地支持中国对非洲的政策，自国家独立之日开始，便不遗余力地敦促苏丹政府尽快承认中华人民共和国；而另一个原因则可能是由于苏丹当时的领导人在制定政策上目光短浅，他们过多关注非洲、阿拉伯世界以及西方世界，而对与东南亚的关系缺乏足够重视。

20世纪五六十年代，两国在一系列国际事务中实现协调与合作，在许多国际问题上达成共识，例如在召开第二届亚非会议及排除非亚洲国家的苏联参与该会的事务上，两国开诚布公、积极合作，苏丹当时赞同中方将苏联排除在外的观点，两国还共同支持亚非及阿拉伯的解放运动，据一些文件显示，苏丹与中国密切协调，共同支持推翻西方政府及商业利益集团的爪牙冲伯集团的运动。

易卜拉欣·阿布德政府提出和平解决中印边境危机，中方对该意见十分重视，这也证明了苏丹外交当时在亚非地区事务中的重要地位。

20世纪60年代，中国第一次提出了对苏丹南部问题的设想，呼吁在捍卫国家统一的前提下寻求和平解决苏丹问题的办法。中国并没有支持苏丹南部的游击队伍，不管是与此前中国对亚非的游击战争采取支持的态度相比，还是考虑到中国军队及毛泽东革命理论的信条和理念之一便是认为游击战是人民战争的一种形式，都不难看出，中国对苏丹南部的立场似乎与以往大不相同。中国对此事的特殊态度正说明其对苏丹南部内战复杂程度认识甚深。在尼日利亚内战时，中国支持该国的游击战争，甚至推迟至1971年2月15日才与尼日利亚建交。而在苏丹，中国呼吁和平解决苏丹南部争端、支持维护苏丹统一的态度在两国建交之初的确有助于两国关系的进步和发展。

在与苏中两国关系有关的档案中可以发现，中国对苏丹力排当时英国的影响、力主与中国建交给予高度评价，在西方敌对势力对中国虎视眈眈的国际背景下，苏丹却能将与中国建交而引起的西方贸易、经济、政治伙伴的制裁置之度外，这其中自然也包括一直在对苏丹施加压力、试图阻止其与中国建立外交关系的英国。当时许多亚非国家都借与中国建交的机会或是获取经济或军事援助，或是在地区及国际事务中寻求中国的支持，然而苏丹在与中国建交之初的十年中却从未曾提过此类要求。苏丹外交界尤其是毕业生代表大会及苏丹独立的领军人物之一穆罕默德·赫尔对中华人民共和国的承认是民族主义的毕业生代表大会的精神，即向正义、和平及反殖民主义力量施以援手的精神使然，而且这位具有世界胸怀的苏丹斗士穆罕默德·赫尔本身也对承认中国颇为赞同。

在第一次苏丹军政府统治期间，尽管中国支持一些与其在思想意识上相近的苏丹左翼组织，但两国的关系并没有因此而变得复杂。虽然在苏丹共产党内部出现了呼吁采取“人民战争”、号召在努比亚山脉宣告武装斗争的思潮，并且这股思潮最后导致了某些党员于1964年8月在艾哈迈德·夏米的领导下脱离了共产党，成立了“革命领导者”，而该新党派也与中国共产党建立了直接联系，然而却很难找到中国共产党与艾哈迈德·夏米、艾哈迈德·加百利、优素福·阿卜杜·马吉德等人所领导的革命领导者党派之间联系的文档或卷宗，也许这是因为该党派仅仅是在1964年10月易卜拉欣·阿布德政府垮台前2个月才开始表明其与中国的公开关系。中国与这些党派或组织的联系使得很多国家迟迟不承认中国，这其中便包括非洲的尼日利亚以及海湾阿拉伯国家，因为中国支持那里的佐法尔解放阵线以及解放阿曼和海湾的人民阵线。

1969年5月至1985年4月，两国在加法尔·尼迈里总统统治期间紧密联系。尽管经济及技术合作仍然是两国合作的重要方面，但两国的关系已经不仅于此，两国在地区及国际事务中开展密切的政治合作。例如：在面对苏联势力的渗透时，两国统一立场；在与中国及苏联争端有关的问题上，苏丹在很大程度上沿用了中国的表述；苏丹领导人及苏丹官方新闻机构在谈到苏联的局势时，经常引用中国的表述。本书也表明，苏中两国在提到非洲的外国霸权时就是针对苏联而言。苏丹始终在地区及国际组织中支持中国，其中最为重大的事件即苏丹在20世纪末支持中国重返联合国。加法尔·尼迈里政府初期试图在思想和组织上采纳中国的社会主义经验，但由于与苏丹共产党的关系恶化、对共产主义阵营国家的敌对以及政府自身的政体性质，尼迈里政府很快就摒弃了社会主义的思路，采取了在意识形态上与中国相异的同时与其建立稳固战略关系的做法。

在文化方面，两国人民在此期间深化了友谊，不管是在数量还是质量上，两国体育、文化代表团的往来均为前所未有，而且在此后也再未呈现当时的盛景。尽管尼迈里总统已经下台19年，但两国当时的文化交流的景象依然为人们津津乐道。每当苏丹杂技团的音乐响起，几代苏丹人都会想起那些中国医护人员，他们不远万里到苏丹北部、中部及南部的偏远地区与他们同吃同住，为他们治病救人。

在军事方面，苏丹军事专家高度赞扬中国对增强苏丹军队防御力量所提供的帮助，即1995—1996年中国向苏丹提供3.76亿美元的无息贷款。1969—1985年，中国共计向苏丹提供了不少于2亿美元的军事贷款。中国提供的援助真诚无私、效率高，且不附加任何条件，苏丹军官对此均赞不绝口。尽管此后苏丹发生了政权更替，但苏丹与中国的防御合作关系却并未受到任何影响，与别国不同的是，中国从不因政治原因施加任何压力。这些军官也注意到，中国军事专家在苏丹生活简朴，这正是中国极力避免向苏丹财政施加任何压力的最好证明。

对苏丹南部问题，中国的眼光比尼迈里政府更长远。中国政府一贯相信，只有和平的政治手段才是解决该问题的唯一途径，因此对1972年3月签署的《亚的斯亚贝巴协议》表示欢迎，并支持重新移民计划。中国以直接或间接方式对1983年该政府推行新的伊斯兰法的危险性进行提醒，并再三提到必须以和平手段解决该问题。即使该政府已下台，但中国仍然坚持对该问题的处理意见。

尽管加法尔·尼迈里政府最终下台，但不可否认的是，在其统治时期，该政府与中国签订了一系列政治、文化、经济协定，且两国频繁互访，这对增进苏中两国人民友谊、缔造有建设性的战略伙伴关系的确功不可没。尼迈里政府对苏中友谊评价如此极高的原因在于中国从不介入苏丹内政，且其项目实施，不管是在路桥建设、纺织厂工程还是发展农业、医疗卫生领域，都始终以苏丹人民的利益为重。

此后，尽管尼迈里下台后中国失去了这位在非洲的主要盟友，但中国仍然非常重视与苏丹的各党派以及第二届民主政府发展建立友好联系。鉴于苏丹新的政体属性，中国加快设立中国苏丹友好协会，以推动中国全国人民代表大会与苏丹议会的联系，也推进与苏丹政治力量的友好往来。与此同时，中国在1985—1986年期间，仍然源源不断地向苏丹提供技术与经济援助。第二届民主政府的领导人充分意识到与中国发展友好关系的重要性，苏丹总理伊斯梅尔·阿扎里早在1967年3月举行的苏丹中国友好协会开幕式上的发言中就表示他对两国关系非常重视，并肯定了发展两国关系的重要性。直至1989年6月，两国关系一直稳步发展。

本书对苏丹与中国之间可以追溯千年的关系进行了回顾与考察，从中可以看出，中国很早就关注非洲大陆，由于始终在互相尊重与支持的基础上与发展中国家建立联系，中国的外交政策获得了巨大成功。

1955—1989年期间，中国与非洲特别是与苏丹建立友好往来的原则与政策为中国在非洲，特别是苏丹树立了良好的国际形象，中国和平、善意、友好的国际形象深入人心，赢得了广泛的敬意和赞扬。笔者以为，中国在外交上对这种友好、善意信条的坚持将充分捍卫中国的国际利益，虽然西方殖民主义思想诋毁中国与非洲第三世界国家建立友好关系是另有所图，但该信条无疑是对此无稽之谈的有力回击。

附　录

表 1　中华人民共和国与苏丹民主共和国

1955 年—1985 年的贸易往来　　　（单位：百万美元）

年份	贸易总额	出口	进口
1955	3.01	—	3.01
1956	2.79	0.31	2.48
1957	2.30	0.68	1.62
1958	3.42	2.20	1.22
1959	4.18	1.18	3.00
1960	11.39	2.66	8.73
1961	7.10	3.65	3.45
1962	8.01	3.26	4.75
1963	22.30	4.35	17.95
1964	8.95	4.24	4.71
1965	22.25	6.21	16.04
1966	23.52	12.22	11.30
1967	24.80	17.63	7.17
1968	30.60	13.83	16.77
1969	29.49	13.66	15.83
1970	32.92	15.03	17.89
1971	52.24	20.36	31.88

续表

年份	贸易总额	出口	进口
1972	57. 31	17. 40	39. 91
1973	90. 71	31. 15	59. 56
1974	95. 74	39. 63	56. 11
1975	66. 64	38. 24	28. 40
1976	59. 84	28. 18	31. 66
1977	93. 98	42. 36	51. 62
1978	93. 03	38. 17	54. 86
1979	134. 06	44. 74	89. 32
1980	95. 85	34. 90	60. 95
1981	85. 23	44. 82	40. 41
1982	64. 45	34. 75	29. 70
1983	84. 68	33. 69	50. 99
1984	62. 95	38. 62	34. 33
1985	20. 30	19. 43	0. 87
1986	18. 02	17. 81	0. 21
1987	16. 66	15. 79	0. 87
1988	48. 27	33. 57	14. 70
1989	65. 94	21. 33	44. 61

资料来源：1.《1984年中国对外经济关系及贸易年鉴》，中国对外经济关系及贸易年鉴编辑部，北京，中国广告有限公司，香港，第869页；《1986年至1990年中国对外经济关系及贸易年鉴》。

2. 中华人民共和国海关总署，中国海关1993年12月月度统计数据，第52号。

3. 中华人民共和国海关总署，1994年12月中国月度进出口。

表2　1971年—1989年中国（陕西省）向苏丹派遣的医疗小组

批次	出发及回国时间	派遣地点	人数
1	1971.4—1973.8	恩图曼布鲁克医院	20
2	1972.—1974.12	恩图曼布鲁克医院，杰贝勒河州朱巴医院，北加扎勒河州乌韦勒（阿威尔）医院，北方州库来玛医院，上尼罗州马拉卡勒医院	19
3	1972.9—1975.4		20
4	1973.7—1975.9		22
5	1974.10—1976.12	杰济拉州阿布欧舍医院，杰贝勒河州朱巴医院，西加扎勒河州瓦乌医院，北方州库来玛医院，上尼罗州马拉卡勒医院	18
6	1975.3—1977.10		19
7	1975.8—1977.10		22
8	1976.11—1978.12		29
9	1977.9—1979.9		31
10	1978.10—1980.9		29
11	1979.9—1981.7		28
12	1980.9—1982.8	杰济拉州阿布欧舍医院，杰贝勒河州朱巴医院，上尼罗州马拉卡勒医院	14
13	1981.9—1983.8		28
14	1982.8—1984.7		18
15	1983.9—1985.8		27
16	1984.10—1987.4	杰济拉州阿布欧舍医院	10
17	1985.8—1987.4	杰济拉州阿布欧舍医院	20
18	1986.9—1989.5	杰济拉州阿布欧舍医院	30
心脏病专家小组	1988.7—1989.7	喀土穆人民医院	3
19	1988.7—1991.6	杰济拉州阿布欧舍医院	30

资料来源：陕西省官方数据及苏丹医疗数据

表 3　1970 年—1989 年中国政府援建苏丹的工程

工程款项（单位：百万美元）	签署时间（年）	工程名称
4.6	1970	哈萨黑萨纺织厂
6.6	1970	瓦迪迈达尼市至卡道里夫市的公路及罕图布大桥
3.5	1970	友谊厅
0.9	1971	瓦迪哈勒法渔业项目
7.3	1971	卡道里夫的公路及罕图布大桥
0.5	1971	修缮哈萨黑萨纺织厂
0.3	1971	维修迈达尼市至卡道里夫市的公路
4.8	1979	重修迈达尼市至卡道里夫市的公路
7.3	1981	重修迈达尼市至卡道里夫市的公路
0.3	1981	成衣厂
48.9	1981	辛加大桥
0.3	1981	维修迈达尼市至卡道里夫市的公路
1.3	1984	辛加大桥
7.7	1984	恩图曼医院
1.4	1987	辛加大桥追加款项

资料来源：苏丹财政部，苏丹对外合作部，苏丹外交部。